IT-BENCHMARKING

GRUNDLAGEN
MODELLE
ANWENDUNGEN
UND MEHR

Herausgegeben von Hubert Buchmann und Thomas Karg

context verlag Augsburg

INHALT

1 | **VORWORT** 5

2 | **EINLEITUNG** 9

3 | **BENCHMARKING – DIE GRUNDLAGEN**
    3.1 Einführung 18
    3.2 Die Normierung 30
    3.3 Die Vergleichsgruppe 38
    3.4 Erfolgsfaktoren 46
    3.5 Aufwand und Kosten 56
    3.6 Ergebnisse 66
    3.7 Benchmark und Ethik 72

4 | **MARKTPREIS-BENCHMARKS IM SOURCING ECO-SYSTEM** 85

5 | **ANWENDUNGEN VON BENCHMARKS**
    5.1 Anwendungen von Benchmarks 98
    5.2 Die CIO-Perspektive: Wertbeitrag und Wertschätzung ... 100
    5.3 IT-Benchmarking und Cloud-Computing 104
    5.4 IT-Kennzahlensysteme 126
    5.5 Benchmarks als Basis für Change-Szenarien 142
    5.6 ITIL und Benchmarking 146

INHALT

5.7 Standortbestimmung in der SAP-Welt 166
5.8 Die Basis für den Servicekatalog 174
5.9 Zufriedenheit der Anwender und Mitarbeiter abfragen 182

6 | PROJEKTBERICHTE

Beziehungen professionell steuern | AOK Nordost – Marktpreis-Benchmark 190
Vom Kostenfaktor zum Transformator | SAP – Kosten-Leistungs-Benchmark 192
Individuell und flexibel | Immobilien Scout – Kosten-Leistungs-Benchmark 196
Das vernünftige Maß der Anforderungen | enviaM – Marktpreis-Benchmark 198
Kundendienst auf dem Prüfstand | Pappas Gruppe – Kosten-Leistungs-Benchmark 200

7 | RECHTLICHE ASPEKTE 203

8 | DIE ZUKUNFT DES BENCHMARKINGS 213

GLOSSAR 223

DIE AUTOREN 229

IMPRESSUM 236

VORWORT

VORWORT

EIN NEUANFANG

Ende 2001 haben wir Maturity gegründet – dreizehn Jahre sind in der IT-Branche eine halbe Ewigkeit. Und 2001 war – um es freundlich auszudrücken – ein herausforderndes Jahr für einen Neuanfang: Die mit der Dotcom-Blase geplatzten Hoffnungen und der Anschlag auf das World Trade Center trieben die lahmende Weltwirtschaft direkt in eine Rezession. Im September 2001 waren wir bei unserem gemeinsamen Arbeitgeber ausgestiegen, um mit einem Beratungsunternehmen für IT-Benchmarking auf eigenen Beinen zu stehen. Zu dieser Zeit war noch ein Rest der motivierenden Aufbruchstimmung spürbar. Auch deshalb gingen einige mutige Kollegen und Benchmarking-Spezialisten mit uns in die Ungewissheit. Viele von ihnen sind heute noch an Bord.

Zweifellos spielte uns der ökonomische Druck in den folgenden Jahren in die Hände. Die Forderung vieler Top-Manager nach mehr Effizienz und einem besseren Preis-Leistungsverhältnis erstreckte sich über die Produktion hinaus zunehmend auf die IT. Unternehmen mussten sparen, manchmal um jeden Preis. Auch daher hat sich die Kostendiskussion in vielen Unternehmen über die letzten Jahre verselbstständigt – IT ist inzwischen immer zu teuer und könnte mehr leisten. Mit einem IT-Benchmark konnten Verantwortliche diese Diskussion versachlichen und gezielt sparen, statt mit dem Rasenmäher über ihre Kostenstrukturen zu fahren. Sie erkannten ihren Standort und das Ziel, sodass sie die ideale Route berechnen konnten.

Um die Jahrtausendwende waren die im Markt etablierten und bis zu 20 Jahre alten Analysemodelle in ihrer Aussagefähigkeit jedoch nicht mehr auf alle relevanten Fragestellungen vorbereitet.

VORWORT

Die Messung und der Vergleich von Qualität, Volumen und Kosten der IT allein genügte den Anforderungen nicht mehr. Gefragte Kriterien eines modernen Benchmarks waren unter anderem eine integrierte Leistungsverrechnung, der Vollkostenansatz, die Normalisierung und der Reifegrad von Prozessen. Die IT entwickelte sich allmählich von einer technischen Disziplin zu einer Dienstleistung, und als Benchmarker wollten wir mit einem zeitgemäßen Analysemodell für die IT-Wirtschaftlichkeit neue Wege einschlagen – die 2. Generation des IT-Benchmarkings bildete sich heraus. Doch es gab auch Konstanten: IT-Benchmarking ist heute noch weitaus mehr als die Arbeit mit Kennzahlen zwischen Taschenrechner, Excel-Tabellen und Powerpoint-Präsentationen.

Neue Ansprechpartner, neue Herausforderungen und neue Ergebnisse kennzeichnen die Projekte. Jeder Kunde öffnet den Blick in eine andere Welt, zeigt überraschende Defizite und intelligente Lösungen. Ein Reiz des Benchmarkings liegt für die Berater sicherlich darin, innerhalb eines Jahres viel IT geboten zu bekommen. Dabei schwimmen sie nicht nur an der Oberfläche, sondern tauchen tief in die Systeme, Verfahren und Zusammenhänge hinab. Vielleicht ist das ein entscheidender Grund für die geringe Fluktuation – wer einmal als Benchmarker gearbeitet hat, gibt diese Position nicht leichtfertig wieder auf.

Diese Entwicklung kommt auch den Kunden zugute – berufliche Erfahrung ist eine wesentliche Qualifikation für das Benchmarking. Die Einordnung der Stärken und Schwächen einer IT läuft nicht ausschließlich über die harten Fakten ab, sondern auch über Muster, die im Kopf des Beraters gespeichert sind. Er muss im Zweifelsfall die Resultate gewichten können, um realistische Optionen aufzuzeigen und Empfehlungen auszusprechen. Und überdies zählt

Erfahrung auch im Umgang mit Kunden – vom Vorstand bis zum Administrator. Hier ist viel Fingerspitzengefühl gefordert, um nicht gegen die ungeschriebenen Gesetze eines Unternehmens zu verstoßen. Geld und Einfluss schwingen immer mit, und man muss lernen, die politischen Spielregeln zu erspüren. Trotz der Fokussierung des IT-Benchmarks auf Technik und Kennzahlen fällt immer wieder auf: Es sind vor allem die Menschen in den Unternehmen, die über den Erfolg entscheiden. Dies gilt auch für Beratungsgesellschaften. Unser Dank gilt daher allen Mitarbeitern, die den Weg mit uns gegangen sind – lange Arbeitstage, lange Reisen und lange Projekte inklusive. Ohne ihr tägliches Engagement wäre dieses Buch nie entstanden, im übertragenen wie im tatsächlichen Sinn. Bedanken möchten wir uns auch bei unseren Kunden, die Vertrauen in eine neue Benchmarking-Methode hatten und sich auf das Abenteuer des Leistungsvergleichs durch ein junges Unternehmen eingelassen haben. Inzwischen sind wir nicht mehr jung, aber spannend ist die Aufgabe IT-Benchmarking immer noch.

München, im Juli 2014

Hubert Buchmann   Thomas Karg

EINLEITUNG

2

2. Einleitung

DER VERGLEICH

Im Vergleich steckt seit jeher eine Triebfeder des menschlichen Fortschritts. Ihm liegt das Wesen der Unzufriedenheit zugrunde – mit den eigenen Leistungen, den äußeren Umständen, den Ergebnissen des Handelns. Und mit den Fähigkeiten anderer, ihren Rahmenbedingungen und ihren Errungenschaften. Die Abweichung der eigenen Referenzwerte und deren subjektive Einordnung in eine Skala externer Richtgrößen bestimmen maßgeblich den Grad individueller Unzufriedenheit. Mal stellt sich daraus Ehrgeiz ein, aufzuschließen und zu überholen – mal Resignation und die Hoffnung, lediglich die falsche Vergleichsgruppe gewählt zu haben. Einige Menschen erstarren nach schlechten Ergebnissen, und nur wenige haben das Glück, der oder die Beste zu sein: Ein vergänglicher Zustand, der fast immer wieder im Verlangen mündet, die Situation zu verbessern. Das Rad dreht sich weiter, die Welt schreitet fort.

Das Bestreben, die eigene Leistung zu steigern, spiegelt den Antrieb wider, besser als andere Menschen abzuschneiden. Der Reiz des Vergleichens zeigt sich schon im Kindesalter gegenüber Geschwistern und Spielkameraden: Meine Autos, meine Tiere, meine Bücher. Der Vergleich setzt sich als wesentliches Element fort in der Schule, in der Ausbildung und schließlich im Berufsleben. Es geht um die Einordnung verschiedener Aspekte des eigenen Lebens in ein Koordinatenkreuz mit den Achsen „Aufwand" und „Ertrag". Je nach persönlichem Hintergrund, Situation sowie Wahrnehmung wird dabei die Bedeutung der Achsen gewichtet. Mal zählt nur der Ertrag, mal ausschließlich der Aufwand, zumeist aber der vermeintlich goldene Mittelweg, der beileibe nicht die Mitte markiert, sondern im Idealfall ein Verhältnis aus geringem Aufwand und hohem Ertrag. Es geht dabei primär nicht mehr um das nackte Überleben, sondern vielfach ums Prinzip. Und natürlich um die Anerkennung der eigenen Erfolge.

Um einen gesellschaftlichen Vergleich zu erleichtern, bedient sich der Mensch normierter Symbole, die seine innere Wertigkeit an der Oberfläche reflektieren und seinen Status gegenüber der Außenwelt leicht verständlich zeigen: Quadratmeter, PS, Markenname oder Urlaubsreiseziel sollen das Individuum abheben und als Leuchtfeuer im grauen Meer der Konformität dienen. Inwieweit die Werte allgemein akzeptierte Ranglisten ergeben, sei dahingestellt und muss im Einzelfall entschieden werden – unstrittig ist, dass sie eine flüchtige Standortbestimmung ermöglichen und hierfür auch hinlänglich genutzt werden. Die Bedeutung der Ranglisten variiert dabei zwischen gesellschaftlichen Segmenten (Peergroups) und ihren stillschweigend verabschiedeten Kriterien: Trizeps, Terahertz, Tiffany. Was in der einen Vergleichsgruppe zählt, kann bei anderen Menschen ein Ausschlusskriterium sein.

DER BENCHMARK

Vergleiche sind nicht nur auf Individuen beschränkt, sondern werden auch zwischen Organisationsformen gezogen. Sie heißen Medaillenspiegel, Seeschlacht oder Dividendenrendite. Hier zeigt sich an einem Stichtag im Ergebnis, wer sein Team gut zusammengestellt und geführt hat. Der passende Aphorismus des chinesischen Strategen Sun Tzu ist legendär, wenn auch reichlich abgedroschen: „Wenn du deinen Feind und dich selbst kennst, brauchst du das Ergebnis von 100 Schlachten nicht zu fürchten." Der Schwerpunkt der Interpretation liegt hier klar auf dem Reizwort „Feind", dessen Stärken und Schwächen es für einen erfolgreichen Kampf zu kennen gilt. Sun Tzus im gleichen Satz aufgestellte Forderung nach Selbsterkenntnis wird dabei gerne überlesen: Nur wer seine eigenen Stärken und Schwächen mit denen des Gegners vergleichen kann, erhält belastbare Indizien für den voraussichtlichen Ausgang der Auseinandersetzung und eine vielversprechende Strategie – auch wenn dies bedeuten kann, den ersten 99 Schlachten aus dem Weg zu gehen.

Der Begriff Benchmark

1. Eine Markierung (trigonometrischer Punkt) der amtlichen Landvermesser in Großbritannien.

2. Eine Markierung („mark") des Tischlers an seiner Werkbank („bench"), um die gleiche Länge neuer Stuhl- oder Tischbeine effizient zu gewährleisten.

3. Eine Markierung des Schuhmachers zur Bestimmung der Schuhgröße eines Kunden.

2. Einleitung

RICHTGRÖSSE, REFERENZWERT, MESSLATTE, BEZUGSPUNKT, MASSSTAB

Das ins Deutsche übersetzte Buch „Benchmarking" von Xerox-Manager Robert Camp (ISBN: 978-3446176065) war Anfang 2010 für 998,99 Euro plus drei Euro Versandkosten im Internet angeboten worden – der Benchmark der Benchmarking-Literatur. Gegenwärtig (Ende 2012) kostet das Werk gebraucht knapp einen Euro. Die Überprüfung der Marktpreise kann sich lohnen.

Die Auseinandersetzung von Unternehmen moderner Prägung vollzieht sich in der Regel als fortlaufender Prozess über mehrere Jahre, gelegentlich über mehrere Generationen. Aber auch hier ist es essenziell, den Wettbewerber mit den eigenen Fähigkeiten zu vergleichen. Das Ziel ist, sich in einem chaotischen Umfeld orientieren zu können – der Leuchtturm zeigt, wo man sich befindet und welcher Kurs angelegt werden muss. Richtungsweiser ist in unserem Fall der Benchmark. Es geht also um die Orientierung an markanten Punkten und nicht am Durchschnitt. Die Erkenntnis, besser zu sein als die breite Masse, mag zwar kurzfristig Freude bereiten, ein Lerneffekt und Fortschritt wird sich daraus aber nicht ergeben.

Die „Erfindung" des modernen Benchmarkings als Management-Disziplin wird allgemein der Xerox Corporation zugeschrieben, die ihre Kopierer systematisch mit den günstigeren Modellen des japanischen Wettbewerbers Canon verglichen hat, um schließlich Verbesserungspotenzial in Vertrieb und Logistik zu erkennen. Dazu wurden das Gerät des Wettbewerbers zerlegt und die Komponenten sowie die Herstellungsprozesse analysiert. So ging Xerox der Ursache auf den Grund, warum die Canon-Geräte zu konkurrenzlos günstigen Preisen produziert und verkauft werden konnten.

Bei Xerox manifestierte sich die zweite Dimension des Benchmarkings, die über den reinen Datenvergleich hinausreicht: Gefragt ist die Orientierung an einem vermeintlich besseren Referenzwert oder einer besseren Vorgehensweise („Best Practices"), um einen Lerneffekt zu erzielen und die eigenen Fähigkeiten zu optimieren. Statt der reinen Verortung von Aufwand und Ertrag rückt die gezielte Weiterentwicklung in den Mittelpunkt – neben der Bestimmung des eigenen Standortes tauchen zudem auch anstrebenswerte Fixpunkte auf der Karte auf, wodurch die zielgerichtete Orientierung erst möglich wird. Beide Konzerne stellen auch noch heute, mehr als 30 Jahre nach dem ersten modernen Benchmark, Kopiersysteme her.

DIE INTERNE IT

IT-Benchmarks wiederum haben ihre Wurzeln im Vergleich von Computer-Hardware und Betriebssystemen, einst Protagonisten des Black-Box-Prinzips. Man wusste nicht genau, was drinsteckt, wollte aber die Effizienz bei der Berechnung von Ergebnissen vergleichen, um Kaufentscheidungen zu begründen. Millionen abgearbeitete Instruktionen beziehungsweise Fließkommaberechnungen pro Sekunde etablierten sich als Referenzwerte, und daran hat sich im Grunde genommen in all den Jahren nichts geändert. Heute kämpfen Supercomputer immer noch um eine gute Platzierung in der Top-500-Rangliste, und normierte Leistungsvergleiche beeinflussen die Kaufentscheidungen von Computerspielern bei Computern und vor allem bei Grafikkarten.

Auch die traditionelle IT-Abteilung hat sich über Jahre den Ruf einer Black Box im Unternehmen erarbeitet, wobei die Ursachen dafür nicht an dieser Stelle diskutiert werden sollen. Dabei resultiert das Interesse der Fachabteilungen und Entscheidungsgremien an der IT vorrangig aus der Bewertung von Kosten und Nutzen: Je niedriger die Qualität und je höher der Aufwand, desto mehr Aufmerksamkeit war der IT gewiss. Hinzu kamen in den 90er-Jahren eine ausufernde Fertigungstiefe in der Unternehmens-IT sowie in diesem Zusammenhang stark steigende Aufwendungen. Folgerichtig führte die Übertragung des Benchmarking-Prinzips auf die IT zum IT-Benchmark. Hierbei werden interne IT-Leistungen sowie ihre Kosten bewertet und die Resultate in einen individuellen Maßstab eingeordnet. Dadurch lässt sich erkennen, in welchen Segmenten die Stärken und Schwächen der jeweiligen IT-Organisation liegen. Das Top-Management kann mit dem Benchmark wie mit einer Taschenlampe ins dunkle Rechenzentrum gehen, um dort Effizienz und Effektivität gezielt zu optimieren.

Ausufernde Kosten der Unternehmens-IT führten dazu, dass Kosten und Leistungen mittels Benchmarking analysiert und optimiert werden.

DIE EXTERNE IT

Seit jeher sind Informationen über die Rahmenbedingungen der Konkurrenten ein gefragtes Gut. Dies gilt umso mehr dann, wenn die Wettkampfstätte iauf unbekanntem Terrain liegt. Aufklärung ist unverzichtbar, um die Chancen auf Erfolg zu verbessern – Sun Tzu lässt grüßen. Der Trend zum Outsourcing hat den Wirkungskreis des Benchmarkings über die Betrachtung der internen Zustände hinaus erweitert. Gerade bei lang laufenden Dienstleistungsverträgen waren Auftraggeber auf die umfassende Ausschreibung des Vorhabens angewiesen, um aus möglichst vielen Angeboten auf die aktuellen (und vermeintlich besten) Marktpreise zu schließen. Der grassierende Preisverfall führte jedoch dazu, dass die finanziellen Unterschiede für eine Leistung vom ersten Vertragsabschluss bis zum neuen Abkommen immer größer wurden. Hier bieten IT-Benchmarks mittlerweile für beide Seiten eine Gelegenheit, aktuelle Marktpreise zu erheben und die Planungssicherheit zu erhöhen.

DIE BENCHMARKING-PRAXIS

Trotz der Fokussierung auf Kennzahlen ist IT-Benchmarking ein sensibles Metier – schließlich wird die Leistung des IT-Managements bewertet.

IT-Benchmarking ist kein leichtes Metier. Benchmarker müssen auf umfassende Erfahrungen und eine frisch befüllte Datenbank mit Referenzwerten zurückgreifen können. Sie erhalten Einblicke in vertrauliche Strukturen von Unternehmen, sehen Stärken und Schwächen, bilden und vertreten ein Urteil über die Leistung anderer und sitzen dabei gelegentlich zwischen allen Stühlen. IT-Benchmarking ist eine Disziplin, deren Wirkzusammenhänge für flüchtige Beobachter nur schwer nachzuvollziehen sind. Die Spannung des Benchmarkings ergibt sich aus der Kombination des reinen Zahlenvergleichs mit der emotionalen Dimension: Die Bewertung menschlicher Arbeitsleistungen durch externe Juroren. Diese sensiblen Themen gelangen nur selten an die Öffentlichkeit, was mit dazu beigetragen hat, dass IT-Benchmarking zwar als Begriff bekannt, seine Ausprägungen und die konkrete Anwendbarkeit sowie der Nutzen jedoch häufig von Fehlinterpretationen überlagert werden.

Im vorliegenden Buch soll es daher ein Ziel sein, mit gängigen Vorurteilen und traditionellen Klischees aufzuräumen, Einsatzszenarien aufzuzeigen und die Stärken und Schwächen des IT-Benchmarkings moderner Prägung abzuwägen. Dabei wird das Thema nicht als abstraktes Forschungsobjekt verstanden, sondern als Gegenstand der täglichen Arbeit: Insofern ist dieses Buch auch nicht als wissenschaftliche Abhandlung zur Benchmarking-Theorie verfasst. Vielmehr soll es als informativer und leicht zugänglicher Leitfaden zu einer IT-Management-Methode dienen, die eigenen Best Practices folgt, damit die Kunden ihrerseits in ihrer IT erprobte und sinnvolle Best Practices anwenden können.

Benchmarking gründet auf einem natürlichen Antrieb, dem Vergleich. Die Management-Disziplin wurde für die Bewertung der Effizienz von Organisationseinheiten entwickelt. Benchmark-Ergebnisse sind Mittel zum Zweck und keine eigenständige Größe, die sich beliebig nach außen vermarkten oder als Ruhepolster nutzen lässt. Die reine Erkenntnis über den eigenen Standort im ökonomischen Gefüge ist dabei nur eine Seite der Medaille. Ein Benchmark entfaltet sein Potenzial erst, wenn die Resultate als Orientierungspunkte genutzt werden, um sich weiterzuentwickeln. „Das Vergleichen ist das Ende des Glücks und der Anfang der Unzufriedenheit", hat der dänische Philosoph Søren Kierkegaard erkannt. In diesem Sinne ist ein Benchmark der Versuch, das Glück wiederzufinden. Folglich gilt auch hier: Der Weg ist das Ziel.

> Ein Benchmark stellt den momentanen Standort fest – eine Information, die erst Sinn ergibt, wenn sie zur Orientierung im Zuge der Weiterentwicklung genutzt wird.

BENCHMARKING – DIE GRUNDLAGEN

BENCHMARKING – DIE GRUNDLAGEN

Die zunehmende Bedeutung der IT für den wirtschaftlichen Erfolg zwingt Unternehmen dazu, die Effizienz und Effektivität ihrer „Datenverarbeitung" zu kontrollieren. Hierfür ist Benchmarking ein klassisches Instrument. Der Vergleich mit anderen Organisationen zeigt auf, in welchem Bereich sich eine IT-Organisation sinnvollerweise verbessern kann. Doch auch der Benchmark musste sich in den vergangenen Jahren verändern, um mit dem neuen Takt Schritt zu halten. Kaum hat sich Benchmarking der 2. Generation etabliert, steht bereits die nächste Evolutionsstufe an.

Unternehmen geben heute jährlich zwischen einem und zehn Prozent ihres Umsatzes für Informationstechnologie (IT) aus. So belief sich das Marktvolumen für IT in Deutschland im Jahr 2010 auf rund 65 Milliarden Euro, die Ausgaben für Telekommunikation lagen nur geringfügig darunter. Diese gewaltigen Summen stehen für Entscheidungen von enormer Tragweite. Entsprechend groß ist die Unsicherheit im Management hinsichtlich der Effizienz, Leistung und Zukunftssicherheit. Auf dieser Ebene kann sich eine Organisation keine Fehler leisten.

Nicht mehr nur in wirtschaftlich schwierigen Zeiten fragen sich viele Konzernvorstände, ob sie für ihre IT-Ausgaben tatsächlich eine sinnvolle und tragfähige Gegenleistung bekommen. Häufig befürchten sie eine Art „Over-engineering", bei dem ihre technologiebegeisterten IT-Experten technisch spannende und aufwendige Systeme implementieren, die überdimensioniert und der eigentlichen Aufgabe nicht angemessen sind. Dieser Vorwurf hat sich in den vergangenen Dekaden etabliert, da er zumindest in den Anfangstagen der Enterprise-IT nicht immer von der Hand zu weisen war. Schließlich hat außerhalb der IT kaum jemand begriffen, was im Rechenzentrum überhaupt abläuft. Folglich stehen IT-Verantwortliche unter zunehmendem Druck, die Effektivität und Effizienz ihrer Investitionen nachzuweisen, die Leistung ihrer Organisation zu steigern und gleichzeitig die Kosten zu senken. Dieser natürliche Konflikt ist ein klassischer Fall für Benchmarking.

Ziel eines Benchmarks ist es, die eigene operative Praxis mit Verfahren und Techniken in anderen Organisationen zu vergleichen und letztlich von etablierten Best Practices zu profitieren. Benchmarking beschränkt sich also nicht nur auf den reinen Vergleich, sondern zielt auf das Umsetzen der besten bekannten Methoden und Verfahren ab. Durch den kontinuierlichen Vergleich kann der Erfolg dieser Effizienzbestrebungen über die Jahre verfolgt werden. Für die Bewertung einer IT ist Benchmarking von hohem Nutzen, wie zahllose Projekte beweisen. Dadurch können IT-Experten eines Unternehmens und ihre Kollegen aus den Fachabteilungen objektiv beurteilen, welcher Mitteleinsatz üblich und welche Systeme für welche Aufgabe zielführend und effektiv sind.

IT-Abteilungen sind gehalten, ihre Effizienz zu erhöhen und gleichzeitig Kosten zu senken. Benchmarking kann Möglichkeiten über Best-Practice-Beispiele aufzeigen.

Benchmarking ist allerdings kein Allheilmittel, um eine verfahrene Situation im Handstreich zu lösen. Benchmarking ist auch kein Automatismus, mit dem sich Erfolge auf Knopfdruck einstellen. Bei einer korrekten Anwendung des Verfahrens lassen sich jedoch Erkenntnisse erzielen, die den besten Lösungsweg für eine Veränderung aufzeigen. Unternehmen wie auch Menschen lernen gut aus Fehlern. Und sie lernen aus Verhaltensweisen, die sich in einer Situation als effizient und effektiv erwiesen haben. Es müssen nicht zwangsläufig die eigenen Fehler und Verhaltensweisen sein – eine genaue Beobachtungsgabe kann die Verbesserungen ebenfalls einleiten. Der Benchmark dient hier wahlweise als Fernrohr oder Lupe.

HINTERGRUND

Um der Chronistenpflicht Genüge zu tun, muss in jedem Benchmarking-Buch auf die Bedeutung des Unternehmens Xerox verwiesen werden. Wie viele andere Unternehmen bekam auch der amerikanische Drucker- und Kopiergerätehersteller Mitte der 70er-Jahre starke Konkurrenz durch japanische Mitbewerber. Diese konnten ihre Geräte zu Preisen auf dem Markt anbieten, die noch unter den Herstellungskosten von Xerox lagen. Auf der Suche nach den Erfolgsgeheimnissen zerlegte und analysierte Xerox Produkte und Prozesse seiner Konkurrenten. Die Lösung des Problems fand Konzern-Manager Robert Camp nicht im Funktionsumfang oder der Qualität seiner Geräte, sondern in den ineffizienten Produktions-, Vertriebs- und Logistikprozessen von Xerox. Nachdem das Unternehmen die Lektionen aus einem direkten Vergleich mit dem Wettbewerb gelernt hatte, konnte es wieder Anschluss an den Markt finden.

Robert Camp, „Vater des Betriebsvergleichs", suchte für Xerox die besten Prozesse der Welt.

Xerox-Manager Robert Camp gilt als Vater dieses Betriebsvergleichs, Benchmarking genannt. Bei Xerox führte er vier verschiedene Benchmarks ein: innerhalb der Organisation, gegen Wettbewerber, gegen Unternehmen aus anderen Branchen und für generische Prozesse. Camp war auf der Suche nach den besten Prozessen der Welt – diese sollten Referenzpunkte setzen, an denen sich die eigene Organisation orientieren konnte. Für die Fakturierung analysierte Xerox beispielsweise die Vorgehensweisen von Kreditkartenfirmen und Versorgungsunternehmen in der Annahme, dass hier die Best Practices der Wirtschaft zu finden waren. Durch den Vergleich mit Wettbewerbern erkannte Camp die Schwächen seiner Organisation, das Ziel waren die Best Practices, Wege dorthin fand er überall in der Industrie. „Lernen von den Besten", lautet die zeitlose Faustformel des Benchmarkings.

Inzwischen hat sich die Management-Methode weiterentwickelt und in vielen Bereichen etabliert. Benchmarks gibt es für CPUs, Investmentfonds, Krankenhäuser, Smartphones, kommunalen Klimaschutz, die allgemeine öffentliche Verwaltung, Server und

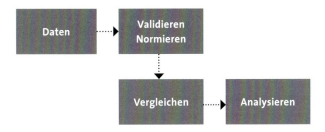

Abbildung 1: Generischer Ablauf eines Benchmarks: Daten erheben, überprüfen, vergleichbar machen, vergleichen und die Lehren aus den Resultaten ziehen

IT-Services – „es gibt weder Glück noch Unglück auf dieser Welt, sondern nur den Vergleich einer Lage mit einer anderen", soll Alexandre Dumas gesagt haben. Also wird verglichen, was verglichen werden kann. Und eben hier, am Wort „kann", setzt seit jeher die Kritik am Benchmark an. Schließlich „kann man das nicht miteinander vergleichen" – die individuelle IT, die individuellen IT-Services, die individuelle Verrechnungsmethode. Daher müssen Benchmarker traditionell daran arbeiten, ihre Methodik so anzupassen, dass sie gegen pauschale Vorwürfe geschützt ist.

> Der Vergleich erfordert Vergleichbarkeit. Benchmarker müssen daher ihre Methoden stetig verfeinern.

Die Wurzeln heutiger IT-Benchmark-Verfahren liegen im Controlling. Standen beim ursprünglichen Leistungsvergleich zunächst nur die Kosten im Fokus, erkannten praxisorientierte Analysten rasch, dass der rein buchhalterische Ansatz zu kurz greift, um IT-Abteilungen umfassend zu vergleichen. Nur mit einer mehrdimensionalen Einordnung konnte es gelingen, eine aussagekräftige Standortbestimmung zu präsentieren. Die aufgewendeten Kosten mussten in Relation zur erbrachten Leistung, zur erzielten Qualität sowie – wenn möglich – zur Kundenzufriedenheit gesetzt werden.

Zu Beginn der 90er-Jahre veränderte sich die IT-Welt von den Mainframes hin zu den damals vielversprechenden Client/Server-Systemen. Auch IT-Benchmarks mussten diesem neuen Paradigma Rechnung tragen. Damit die IT nicht zum reinen Selbstzweck mutierte, wurden nun auch die Service-Anforderungen der Fachabteilungen

3.1 Benchmarking-Grundlagen – Einführung

mit den tatsächlich erbrachten Leistungen und dem Technologie-Einsatz der IT-Abteilungen verglichen. Die IT-Evolution zeigte, dass einige Branchen wie die Finanzwirtschaft und die Automotive-Industrie durch die Anforderungen des Marktes gezwungen waren, in bestimmten Bereichen eine Vorreiterrolle zu spielen.

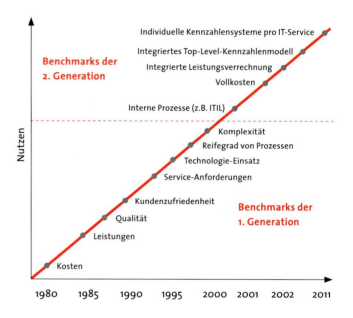

Abbildung 2: Der Benchmark hat sich von einem reinen Vergleich der Kosten und Leistungen zu einem komplexen System entwickelt

Für zeitgemäße Benchmarking-Projekte bedeutet dies, dass sie auch den Reifegrad von Technologien und Prozessen und den Organisationsgrad eines Unternehmens betrachten müssen. Speziell die Komplexität von Organisationen ist einer der größten Kostentreiber, nicht nur in der IT. Sie abzubilden, ist ein schwieriges Unterfangen, denn um eine entsprechende Vergleichsgruppe für die Bewertung zu bilden, muss die Komplexität der zu vergleichenden

Unternehmen ähnlich hoch sein. Wer ein zentralistisch geführtes Unternehmen ungeprüft mit einem dezentralen Unternehmen vergleicht, wird nur wenig brauchbare Ergebnisse erhalten.

Der IT-Benchmark der alten Schule musste an die neuen Gegebenheiten angepasst werden. So stand zuvor der klassische Vergleich von Äpfeln und Birnen in vielen Benchmarking-Projekten auf der Tagesordnung, und die wirtschaftlichen Auswirkungen wurden nicht betrachtet. Gerade bei Outsourcing-Projekten war diese Vorgehensweise fahrlässig, denn Kunden lagern in den seltensten Fällen komplette Abteilungen analog zu den klassischen Benchmark-Kostenmodellen aus. Benchmark-Experten mussten in die Lage versetzt werden, die für die bezogenen Leistungen geforderten Preise objektiv zu beurteilen.

Überdies entstehen im Kontext einer Outsourcing-Entscheidung in der Regel Kosten, die nicht direkt der IT-Abteilung zuzuordnen sind. Auch diese wollen adäquat berücksichtigt werden. Ähnliches gilt für die Einsparpotenziale: Entschließt sich ein Unternehmen, seine Anwendungsentwicklung durch einen Dienstleister erledigen zu lassen und so 300 Programmierer einzusparen, werden Büroflächen sowie Ressourcen in der Personalabteilung frei. Diese Zusammenhänge wurden in den traditionellen Benchmark-Modellen nicht adäquat gewürdigt. Die einheitlichen ITIL-Definitionen für Begriffe und Inhalte des Service-Managements erwiesen sich für das IT-Benchmarking als ungeahnter Vorteil. Dank ITIL ist es wesentlich einfacher, IT-Prozesse miteinander zu vergleichen.

Vor rund zehn Jahren bildete sich folglich eine „zweite Generation" des Leistungsvergleichs heraus, in der international anerkannte Standards wie eben ITIL übernommen sowie beispielsweise die Vollkostenrechnung eingeführt wurden. Der zunehmenden Serviceorientierung wurde schließlich mit einem individuellen Kennzahlenmodell für jeden IT-Service Rechnung getragen. Damit wurde das Fundament gelegt, um auch in Zukunft Benchmarks durchführen zu können, deren Methodik der zunehmenden Komplexität der IT Rechnung gerecht wird.

> Der im Auftrag der britischen Regierung entwickelte Leitfaden „IT Infrastructure Library" (ITIL) ist heute de facto der weltweit gültige Standard für IT-Service-Management. Er beinhaltet eine umfassende und öffentlich verfügbare fachliche Dokumentation zur Planung, Erbringung und Unterstützung von IT-Serviceleistungen. Die Vorschläge zur Umsetzung orientieren sich an Best Practices.

3.1 Benchmarking-Grundlagen – Einführung

METHODIK

Ein typisches Benchmarking-Projekt der zweiten Generation beinhaltet im Wesentlichen vier Phasen plus eine gute Vorbereitung. Grundsätzlich muss zu Beginn die eigentliche Zielsetzung des Vorhabens festgelegt werden. Vom originären Auftrag hängen die Definition des Untersuchungsbereichs und der Detaillierungsgrad der Fragen ab. Sind diese Punkte geklärt, werden in der ersten Phase beim Kunden mit Fragebögen, Workshops oder Interviews alle Daten aus seiner aktuellen IT-Umgebung erhoben, die Gegenstand des Benchmarks sein sollen. In der zweiten Phase werden die erhobenen Informationen auf Vollständigkeit und Richtigkeit geprüft. In der Regel erfolgt dies durch erste Vergleiche mit Erfahrungswerten und durch die Analyse signifikanter Unterschiede. Die so erhobenen Daten müssen dann für den Vergleich mit den Datenbankwerten – beziehungsweise die Datenbankwerte für den Vergleich mit den Daten des Unternehmens – aufbereitet und normiert werden.

> Die Normierung bzw. Vereinheitlichung von Daten komplexer Organisationen bildet eine wichtige Grundlage für Benchmarking-Projekte. Dabei werden Kennzahlen der Peergroup so angepasst, dass sie sich mit den Kennzahlen des Auftraggebers sinnvoll vergleichen lassen.

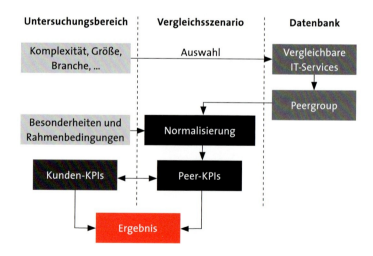

Abbildung 3: Einflussfaktoren im Benchmark-Prozess, die aus Daten KPIs machen und aus dem Vergleich ein Ergebnis, dessen Analyse für das Unternehmen nützlich ist

In der dritten Phase werden aus der Datenbank die relevanten Vergleichswerte der sogenannten Peer-Unternehmen nach bestimmten Kriterien wie Komplexität, Volumen oder Branchen identifiziert. Es folgt der eigentliche Vergleich. Abschließend werden in Phase vier die Unterschiede analysiert. Der Berater ermittelt die möglichen Ursachen für Abweichungen und gibt Hinweise auf Stärken, Schwächen, Chancen und Risiken. Innerhalb der üblichen SWOT-Analyse (SWOT = Strengths, Weaknesses, Opportunities, Threats) wird er Verbesserungsvorschläge ausarbeiten.

IT-KOSTEN

Die vermutlich wichtigste Komponente im gesamten Benchmarking-Prozess sind die Kosten der IT. Werden in den Vorbereitungsgesprächen zu einem Vergleichsprojekt oft noch Prozesse und Qualität als tragende Säulen der Informatik in den Vordergrund gestellt, zeichnet sich im Verlauf des Prozesses die Bedeutung der Kosten allen Beteiligten immer deutlicher ab. Zentral ist dabei nicht nur die saubere Erfassung der echten IT-Kosten, sondern auch die Identifikation der sogenannten versteckten Kosten. Für das Client/Server-Umfeld wurden durch die Entwicklung des Konzepts der Total Cost of Ownership (TCO) in den vergangenen Jahren erste Fortschritte erzielt. Dieser Ansatz identifiziert und bewertet die Verlagerung von IT-Kosten in dezentrale Funktionen, insbesondere in die einzelnen Geschäftsbereiche eines Unternehmens.

Dennoch werden in der Regel weiterhin die Sekundärkosten vernachlässigt. Damit sind die auf alle Abteilungen umgelegten Aufwendungen für die Personal- und Rechtsabteilung und andere zentrale Dienstleistungen – wie beispielsweise die Kantine – gemeint. Die Ursache dafür liegt darin, dass es für die meisten Unternehmen relativ schwierig ist, diese Sekundärkosten zu erfassen oder zumindest vernünftig abzuschätzen. Der massive Outsourcing-Trend der Vergangenheit und die damit einhergehende Notwendigkeit, Sourcing-Entscheidungen zu bewerten und Benchmark-Daten ins

Den IT-Kosten wird meist eine zentrale Bedeutung im Benchmark zuteil. Eine fundierte Beurteilung erfordert aber, dass auch sekundär entstehende Gemeinkosten sauber umgelegt werden.

3.1 Benchmarking-Grundlagen – Einführung

Controlling zu übernehmen, machen es aber unumgänglich, alle Kosten genau zu identifizieren. Ziel kann also nur ein an den Vollkosten orientierter Ansatz sein.

Betrachtet werden müssen:
1. Primärkosten – In der Regel direkt erfassbare/lieferbare Kosten, z. B. für Hardware, Software und Personal.
2. Sekundärkosten – Nur in seltenen Fällen direkt lieferbare Kosteninformationen etwa zum Stromverbrauch und Arbeitsplatz. Traditionell werden sie über Umlagen oder Pauschalen berechnet.

Ein an den Vollkosten orientiertes Benchmark-Modell stellt die Struktur aller denkbaren Kostenarten dar. Es ist unabhängig von der Herkunft der Kosten – es ist also für das Resultat nicht von Bedeutung, ob beispielsweise Finanzdienstleistungen direkt innerhalb des Untersuchungsbereiches erbracht oder aber über den Konzern oder gar Dritte bezogen werden. Bei der Berechnung von Afa-Werten (Abschreibungswerten) gilt immer: Nutzungsdauer ist gleich Abschreibungsdauer. Nur so repräsentieren die späteren Kennzahlen auch die tatsächlichen Kosten und können somit auch für die Leistungsverrechnung oder Kennzahlenmodelle verwendet werden.

Die Lösung zur Herstellung von Vergleichbarkeit: Anpassung der Referenzdaten an Kundenbedingungen.

Zuvor waren Vollkostenansätze im Benchmarking jedoch immer wieder an den Schwierigkeiten mit der Normierung gescheitert. Die Lösung dieses Vergleichbarkeitsproblems ist jedoch genauso einfach wie verblüffend: Beim Vergleich werden nicht mehr die Kundendaten einem Referenzmodell angepasst, abgebildet und dadurch normiert – sondern die Referenzinstallationen werden auf die Rahmenbedingungen des Kunden normiert. Gegenüber herkömmlichen Benchmarks lassen sich so sehr viel genauere Vergleiche durchführen, da nur Referenzen mit gleicher Komplexität ausgewählt werden. Sollte der zu untersuchende Bereich zusätzliche Besonderheiten aufweisen, werden die Referenzinstallationen über Zu- und Abschläge adjustiert.

3.1 Benchmarking-Grundlagen – Einführung

Eine entscheidende Komponente zeitgemäßer Benchmarks ist – wie bei jeder Ist-Analyse – die Datenerhebung. Ihre Problematik liegt darin, dass die Berater gleichzeitig zwar viel in Erfahrung bringen, aber wenig fragen möchten, um allzu großen Aufwand aufseiten der Kunden zu vermeiden. Die Erfahrung zeigt überdies, dass einige wichtige Daten in der benötigten Form oft gar nicht einfach abrufbar vorliegen. Ein Beispiel ist die Dokumentation der Konfiguration im UNIX- oder Client/Server-Umfeld. Einerseits werden Veränderungen der Systeme in den wenigsten Unternehmen akribisch gepflegt, andererseits wird oft nicht daran gedacht, historische Daten zu archivieren. Aus diesem Grund müssen Benchmarking-Anbieter ihre Daten in systematischer und granularer Form in ihren Datenbanken hinterlegen. Nur so können sie die hohe Wiederverwendbarkeit für die verschiedensten Aufgabenstellungen garantieren.

> Die wenigsten Unternehmen dokumentieren Veränderungen ihrer Konfigurationen. Benchmarker sind daher gefordert, ihre Daten systematisch und in hoher Granularität abzulegen.

Abbildung 4: Die Daten für den Benchmark lassen sich im Anschluss auch für andere Aufgaben nutzen, so dass der Aufwand sinkt

3.1 Benchmarking-Grundlagen – Einführung

Unternehmen brauchen Kennzahlen für vielfältige Einsatzgebiete. So benötigen Leistungsverrechnung, Controlling oder strategische Kennzahlenmodelle oft gleiche oder ähnliche KPIs. Bisher waren unterschiedliche Teams laufend damit beschäftigt, diese teilweise redundanten Informationen zusammenzutragen. Der integrierte Ansatz sorgt dafür, dass die Anforderungen an Kennzahlen erstmals gebündelt werden und in eine gemeinsame Datenerfassung und Kennzahlenberechnung einfließen. Möglich wird dies erst durch den Vollkostenansatz im Benchmarking, das heißt, durch ein System, in dem die berechneten Kennzahlen den tatsächlichen Ist-Zustand des Unternehmens repräsentieren – und nicht mehr die kalkulatorischen Größen und Normierungselemente alter Modelle.

Modernes Benchmarking auf Vollkostenbasis ermöglicht die Berechnung von Kennzahlen aus der IT, die in allen Unternehmensbereichen nutzbar sind.

Moderne Benchmark-Modelle berücksichtigen alle denkbaren Interessen, die an eine IT herangetragen werden können. Der Leiter einer Business Unit wird in der Regel Wert auf andere Kennzahlen legen als ein IT-Leiter. Das Konzern-Management dagegen hat wieder eine eigene Sicht auf die übergeordneten Ziele. Benchmarking der zweiten Generation produziert Kennzahlen, die alle Aspekte der IT abbilden und für strategische Kennzahlenmodelle wie beispielsweise die Balanced Scorecard genutzt werden können.

FAZIT

Die transparente Darstellung der IT-Leistung ist über reine Stückkosten nicht mehr möglich. Das Management erwartet heute zusätzlich die Bewertung von IT-Strategie, Services und Prozessen. Mit den Arbeiten rund um ein Benchmark-Projekt können IT-Organisationen zeigen, dass sie nicht nur ökonomisch wirtschaften, sondern dass sie zudem einen wertvollen Beitrag für ihr Unternehmen leisten. Wer die IT-Performance ganzheitlich abbilden will, muss Kenngrößen aus allen Perspektiven und für alle Bedürfnisse bilden können. Nur dann können die Kräfte im Sinne der Unternehmensstrategie wirtschaftlich eingesetzt und gegenüber den Interessengruppen überzeugend dokumentiert werden.

DIE NORMIERUNG

von Silke Schilling

Natürlich lassen sich auch Äpfel mit Birnen vergleichen – etwa hinsichtlich des Gewichts oder der Zahl der Früchte. Auf die IT übertragen, führt der Ansatz jedoch nicht weit. Um Daten einer komplexen Organisation sinnvoll vergleichen zu können, ist es nötig, sie zu vereinheitlichen. Dies geschieht mithilfe der Normierung. Dabei werden Kennzahlen gemäß verschiedener Dimensionen (etwa Leistungsinhalte, Mengengerüste, Qualität und Komplexitätsfaktoren) so angepasst, dass sie sich mit den Kennzahlen des Auftraggebers sinnvoll vergleichen lassen. Für die Normierung gibt es keine Software. Der Prozess wird maßgeblich von der Erfahrung des Benchmarkers geleitet.

Hinter der Normierung verbirgt sich das Bestreben, umfassende „Vergleichbarkeit" von Daten oder Kennzahlen herzustellen. So werden in Mathematik und Technik Größen auf einen ausgewählten Wert normiert, und in anderen Bereichen der Wissenschaft werden Bezugssysteme entwickelt, in denen Werte eingeordnet werden können. Der Begriff der Normalisierung wird im Zusammenhang mit relationalen Datenbank-Modellen verwendet und kennzeichnet die stufenorientierte Vorgehensweise beim Entwurf der Struktur einer relationalen Datenbank. Dabei werden die Relationen so zerlegt, dass Anomalien nicht auftreten können und Redundanzen vermieden werden. Das Ziel liegt in einer übersichtlichen und möglichst transparenten Struktur ohne Inkonsistenzen und Mehrdeutigkeiten, die eine einfache Pflege unterstützt. Auch hier zeigen sich Ansätze, die für den Benchmark im Rahmen der Herstellung der Vergleichbarkeit untersucht werden müssen: Gibt es Anomalien und Inkonsistenzen beim Vergleich?

Benchmarking-Studien haben die Aufgabe, unterschiedliche Lösungen für unterschiedliche Probleme unterschiedlicher Unternehmen zu vergleichen. Da hierfür vielfältige Dimensionen berücksichtigt werden müssen, ist der Vergleich eine komplexe Aufgabe. In das Ergebnis fließen Leistungsinhalte, Mengengerüste, Qualität und Komplexitätsfaktoren ein, die erfasst, gewichtet und kalkuliert werden. Skeptiker sind deshalb der Überzeugung, dass die Vielfalt der untersuchten Lösungen den fairen Vergleich nicht erlaubt. Ohne eine spezielle Behandlung der Daten und Kennzahlen durch den Benchmarker ist ihnen sogar beizupflichten.

Um eine möglichst hohe Vergleichbarkeit zu schaffen, müssen Benchmark-Experten große Anstrengungen unternehmen. Als Beispiel für Inhalte solcher methodischer Ansätze seien genannt:

- Berücksichtigung von Leistungsinhalten;
- Nivellierung finanztechnischer Effekte (z. B. Abschreibungen) und Sondereffekte;
- Kompensation von unterschiedlichen organisatorischen Schnitten;
- Berücksichtigung des Orts der Leistungserbringung (z. B. lokale Kostenstrukturen für Hardware, Software etc.).

In der Regel startet der Benchmark-Vergleich mit einer einfachen, auf den ersten Blick trivialen Frage: Reden wir über das Gleiche? In der Praxis wird dies häufig bejaht, da oft nur die Gesamtleistung diskutiert und dargestellt wird. Darunterliegende Leistungen oder Details werden als selbstverständlich angenommen und nicht erläutert. Das heißt: Während Unternehmen A von seinem Desktop-Service spricht und darunter Hardware, Software und Support versteht, beinhaltet der – vom Namen her gleiche – Desktop-Service im Unternehmen B noch zusätzlich weitere Tätigkeiten wie etwa

> Bei einem Benchmark diskutieren alle Beteiligten intensiv über die inhaltliche Bedeutung von Normierung beziehungsweise Normalisierung. Stellt man jedoch die Frage nach dem Unterschied der beiden Begriffe, schaut man oft in erstaunte Gesichter. Der Grund ist relativ simpel: Beide Begriffe werden im Benchmarking-Umfeld synonym verwendet. Basierend auf der Herkunft, ist vermutlich eher der Begriff der Normierung zutreffend. Allerdings ist es auch kein Problem, im nächsten Benchmarking-Workshop von der Normalisierung der Daten zu sprechen.

3.2 Benchmarking-Grundlagen – Die Normierung

IMAC (Install, Move, Add, Change), das im Unternehmen A als Teil eines anderen Services angeboten wird.

Die Problematik nicht nur für den Benchmarker liegt darin, dass es keine allgemeingültige Festlegung von Standard-Services gibt. Viele Unternehmen, die von Standards sprechen, haben unter dem gleichen Namen unterschiedliche Leistungen zusammengepackt und sich somit eigene Standards geschaffen. Für sie ist der Inhalt „klar" – geht aber ein Gegenüber der Diskussion mit genau der gleichen Selbstverständlichkeit von seiner Definition des Standards aus ergibt sich oft, dass die Leistungsinhalte ungleich sind. Eine Konsequenz könnte sein: Der Preis ist niedriger, aber auch die enthaltene Leistung – doch was bedeutet das für das Ergebnis?

Um dieses Dilemma zu lösen, werden alle Dimensionen, die in eine Leistung einfließen, „künstlich" auf den gleichen Stand gebracht. Dies umfasst etwa Leistungsinhalte, Volumen, Qualität und spezifische Besonderheiten. Ziel ist es, anschließend den Preis beziehungsweise die Kosten vergleichbar zu machen. Da in der Regel keine absoluten Mengen oder Kosten verglichen werden, sondern Quotienten aus den unterschiedlichen Dimensionen, kommt dem Nenner in dieser Formel eine besondere Bedeutung zu. Wenn ich „Kosten pro Stück" vergleiche, ist es besonders wichtig, dass „ein Stück" für alle Vergleichspartner gleich verstanden wird.

Viele Standards für IT-Services gelten nur unternehmensintern. Vor der Normierung muss daher Klarheit über Inhalte und Leistungen bestehen.

NORMIERUNG DES LEISTUNGSINHALTS

Ein Beispiel zeigt *Abbildung 1*: Die Kosten für den Service 1 (Desktop-Service) sollen mit den Kosten für den Service 2 (Desktop-Service) verglichen werden. Da Service 2 aber den Leistungsteil 2 (etwa IMAC-Dienste – Install, Move, Add, Change) nicht enthält, muss vor dem Vergleich eine Vereinheitlichung erfolgen. Ohne Anpassung würde sonst der fehlende Leistungsteil 2 die Situation falsch darstellen: Unternehmen A mit Service 1 ist demnach teurer als Unternehmen B mit Service 2.

3.2 Benchmarking-Grundlagen – Die Normierung

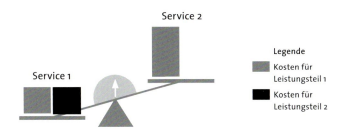

Abbildung 1: Vergleich von Services ohne Normierung: Leistungsteil 2 nicht berücksichtigt

Die große Herausforderung liegt darin, dass die Unterschiede nicht nur quantifiziert, sondern auch finanziell bewertet werden. Zumindest sollte der Benchmarker eine Grundlage für die finanzielle Bewertung finden. In der einfachsten Form nimmt man dabei als fehlende Komponente die identischen Kosten für diesen Leistungsteil vom Vergleichspartner. Intelligentere Methoden verwenden systematische Datenbank-Analysen über den Wert dieser Leistung. Wenn also die ermittelten Kosten für den IMAC-Service beim Unternehmen B zu seinen bereits bestehenden Kosten des Services „Desktop Service" im Unternehmen B addiert werden, ist das Ergebnis ein mit dem Vergleichspartner (Unternehmen A) abgestimmter, normierter Service. Unternehmen B ist in unserem Beispiel nach der Herstellung der Vergleichbarkeit also teurer als Unternehmen A, weil jetzt die gleiche Leistung berücksichtigt wird.

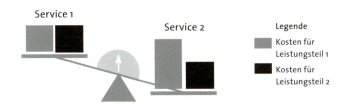

Abbildung 2: Erst durch die Normierung ist der Benchmarker in der Lage, die IT-Kennzahlen des Kunden mit denen der Peergroup zu vergleichen

Während *Abbildung 1* den unnormierten Vergleich zeigt, bildet *Abbildung 2* den normierten Vergleich ab, der zu einem anderen Resultat führt. Das Beispiel verdeutlicht auch eine weitere Problematik der Normierung an sich: Nicht immer will ein Auftraggeber den fairen Vergleich – stattdessen sollen auch Defizite gezielt aufgezeigt werden. Daher hat auch der nicht normierte Vergleich seine Berechtigung. Da das nicht normierte Resultat ein anderes Resultat zeigt, das jedoch vom Auftraggeber gewünscht oder erhofft wird, könnte es sogar bevorzugt werden, weil es zweckmäßig ist.

Nicht normierte Daten zu vergleichen kann innerhalb des Unternehmens strategisch sinnvoll sein.

Die Normierung von Daten erfordert gutes Datenmaterial und Erfahrung.

Im Idealfall sollten sicherlich beide Werte aufgezeigt werden. Dies führt jedoch in der Praxis leider oft zu heftigen Diskussionen über die Normierungswerte an sich. Letztlich kann die Folge sein, dass über die Grundsätze der Normierung länger diskutiert wird als über die Ergebnisse des Benchmarks. Dies führt zu einem anderen Problem: Ein objektiver Nachweis, ob die Normierung in der jeweiligen Höhe überhaupt richtig ist, wird in der Regel nicht möglich sein. Intelligente Normierungen sind eine Mischung aus vertraulichen Daten und Expertenwissen, deren Rezept vom Benchmarker nicht preisgegeben wird.

RICHTUNG DER NORMIERUNG

Bei jeder Normierung stellt sich die Frage, welcher Wert als „Referenz" genutzt wird – also „auf wen" normiert wird. Im oben angegebenen Beispiel wäre für einen fairen Vergleich auch die umgekehrte Variante gerechtfertigt: Hier würde Service 1 von Unternehmen A beispielsweise um die Kosten für IMAC bereinigt, um unter dem Strich zum gleichen Ergebnis zu kommen – der Desktop-Service von Unternehmen B ist teurer.

Der Erfahrung nach empfiehlt es sich, immer die jeweilige aktuelle Benchmark-Umgebung als Zielumgebung zu behalten, also die Werte der Vergleichsgruppe an die Zahlen des Auftraggebers anzupassen. Dies hat einen einfachen Grund: Werden die Daten des Kunden in eine andere, fremde Umgebung normiert, geht der Erkennungswert eigener Daten schnell verloren. Sie entsprechen dann nicht mehr den realen Finanz- und/oder Leistungsdaten der eigenen Erhebung. Bei wenigen Kennzahlen lassen sich die Werte noch problemlos umrechnen oder überschlagen, doch bei komplexen Benchmark-Projekten sollten die offiziellen Zahlen des Auftraggebers auf einen Blick zu erkennen sein. Ergo sollten immer die Vergleichsdaten für das untersuchte Unternehmen normiert werden.

Eine weitere interessante Facette ist der Aspekt, dass man auch zukünftige Szenarien für einen Kunden durch Normierung gestalten kann. Hierunter fallen Überlegungen wie: „Was wäre, wenn diese Leistungen/Kosten nicht anfallen würden?" oder „Was wäre, wenn andere Komponenten enthalten wären?" So bietet die Normierung eine vorzügliche Vorgehensweise als Grundlage für derartige Überlegungen und Simulationen.

Die Daten der jeweiligen Benchmark-Umgebung sollten unverändert bleiben, um ihre Aussagekraft zu behalten und um für spätere Benchmarks eingesetzt werden zu können.

BEISPIEL DER NORMIERUNG

Als Beispiel einer einfachen Normierung wird die Normierung der Vergleichsbasis dargestellt. Darunter versteht man die Anpassung der Vergleichsbasis bei Leistungseinheiten: Drei Rechenzentren (RZ 1, RZ 2 und RZ 3) berichten die in der *Abbildung 3* dargestellten Vollkosten (jährliche Kosten pro Quadratmeter). Auf den ersten Blick hat RZ 1 die günstigsten Kosten. Dabei wird allerdings nicht der Sachverhalt berücksichtigt, dass RZ 1 die Kosten auf die Gesamtfläche umgelegt und berechnet hat, während die anderen beiden Rechenzentren sich auf die nutzbare Fläche beziehen. Dass dies kein vernünftiger Vergleich ist, wird leicht einsichtig, wenn mithilfe der in *Abbildung 4* dargestellten Normierung ein weiterer Vergleich gezogen wird.

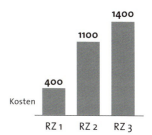

Abbildung 3: Vergleich der jährlichen Kosten bei nicht normierter Vergleichsbasis (unterschiedliche Flächen)

Nach *Abbildung 4* stehen typischerweise nur 33 Prozent der Gesamtfläche des Rechenzentrums tatsächlich als Nutzfläche zur

3.2 Benchmarking-Grundlagen – Die Normierung

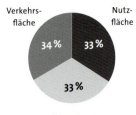

Abbildung 4: Erfahrungswerte zur typischen RZ-Flächenverteilung für die Normierung

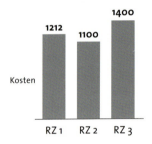

Abbildung 5: Vergleich der jährlichen Kosten bei normierter Vergleichsbasis (Nutzfläche)

Verfügung. Nach der Normierung ergibt sich folglich ein anderes Bild als zuvor (siehe *Abbildung 5*). Berücksichtigt wird in dieser Normierung der Umstand, dass Flächen als Verkehrsflächen (z. B. Gänge, Treppen, Fahrstühle, Sozialräume etc.) oder Infrastrukturflächen (z. B. Batterien, Generatoren, Kühlung, Stromverteilung etc.) bereitzustellen sind. Der entsprechende Wert – in diesem Fall 33 Prozent – ist durch ein hinreichend großes Untersuchungsspektrum an Rechenzentren statistisch zu untermauern.

Nach der Normierung, also der Herstellung der Vergleichbarkeit, liegt das Rechenzentrum 1 mit seinen Kosten nun zwischen den beiden anderen Rechenzentren und ist nicht mehr der günstigste Anbieter.

Weitere Beispiele für Normierungen sind die Berücksichtigung von Abschreibungen (Zuordnung von Kosten auf die Zeit) oder Lebenshaltungskosten an Standorten der Leistungserbringung (UBS-Studie; Bic-Mac-Index des „Economist" zur Kaufkraft). Eine – allerdings nur auf den ersten Blick triviale – Normierung ist die Umrechnung von Währungen. Hier kommt es für den Vergleich eines englischen Vertrages, der in Pfund abgeschlossen wurde, mit einem Vertrag in Deutschland, der in Euro abgeschlossen wurde, auf den idealen Zeitpunkt an. Legt man den Kurs zum Zeitpunkt des Vertragsabschlusses oder zum Zeitpunkt der Untersuchung zugrunde? Schließlich kann sich der Kurs inzwischen massiv geändert haben und der Einfluss der Währung auf den Vergleich signifikant sein.

MARKTPREIS-BENCHMARK UND NORMIERUNG

Sowohl im klassischen Kosten-/Leistungs-Benchmark als auch im Marktpreis-Benchmark herrscht die gleiche primäre Aufgabenstellung: die Vergleichbarkeit herzustellen. Darüber hinaus gibt es beim Marktpreis-Benchmark zusätzliche Herausforderungen: Der IT-Dienstleister stellt in der Regel keine vollständige Leistungsbeschreibung bereit und nennt keine Details zu seinen realen, grundlegenden Kosten. Die Einstellung ist verständlich, denn schließlich möchte der Service-Provider seine Marge nicht publizieren, um keine Begehrlichkeiten beim Kunden zu wecken.

Wie sich einzelne Kosten von Teilleistungen darstellen, die zu normieren sind, wird somit in der Regel nicht transparent. Damit fehlt dem Benchmark-Anbieter ein wichtiges Kontrollinstrument, auf das er beim Kosten-/Leistungs-Benchmark zurückgreift: Er kann die auf Basis seiner Erfahrungs- und Datenbankwerte berechnete Normierung nicht mehr im Kundenumfeld verifizieren. Der Benchmarker muss sich vollständig auf die Leistungsanalyse verlassen, denn eine zusätzliche qualitative Prüfung wie beim Kosten-/Leistungs-Benchmark ist problematisch. Hätte der Benchmarker nämlich die Kostendetails, könnte er signifikant von realen Kosten abweichende Normierungen zusätzlich verifizieren: In der Regel ist immer Vorsicht geboten und eine Zusatzanalyse sinnvoll, wenn besonders hohe Unterschiede bei Stückkosten auftreten. Der Benchmarker sollte sofort zusätzlichen Fragen nachgehen, etwa zu Besonderheiten, die nicht erkannt wurden, sowie den Gründen für den Unterschied.

FAZIT

Ohne Normierung ist ein sinnvoller Vergleich von komplexen Leistungen nicht möglich. Es gilt, Merkmale der zu vergleichenden Einheiten insoweit anzupassen, dass sie im „kleinsten gemeinsamen Nenner" übereinstimmen. Da in der Regel keine absoluten Mengen oder Kosten verglichen werden, sondern Quotienten aus unterschiedlichen Dimensionen, kommt dem Nenner eine besondere Bedeutung für die Berechnung zu. Werden „Kosten pro Stück" verglichen, ist es entscheidend, dass „ein Stück" von allen Beteiligten gleich verstanden wird. Weniger wichtig ist die Frage, ob der Prozess „Normierung" oder „Normalisierung" genannt wird – es hat sich eingebürgert, beide Begriffe synonym zu verwenden.

DIE VERGLEICHSGRUPPE

von Karsten Tampier

„Äpfel mit Birnen" ist das beliebteste Gleichnis unter Benchmarkern, wenn es um den sinnvollen und korrekten Vergleich von IT-Leistungen geht. Der Apfel ist in diesem Fall die IT des Benchmark-Kunden, während die Vergleichsgruppe im Worst Case eine Birne ist. Der Benchmark-Kunde ist der Maßstab, an dem sich die Vergleichsgruppe ausrichten muss. Ihre Zusammenstellung kann darüber entscheiden, ob der Benchmark valide Aussagen zutage fördert oder nicht. Wichtig ist, mit welchen statistischen Kennzahlen die Vergleichsgruppe beschrieben wird, wie viele Informationen über die Vergleichsgruppe benötigt werden und welche Informationen ein Vergleichsprofil enthalten sollte.

„Ich bin der größte Mensch der Welt", pflegte ein in der Szene bekannter IT-Analyst aus England seine Vorträge und Präsentationen zum Thema Benchmarking zu eröffnen. Hier stellte er die Bedeutung des Vergleichs in der IT sowie die Chancen von Best Practices für Organisationen dar. Aber seine Einstiegsaussage passte objektiv betrachtet nicht zu seiner Körpergröße von geschätzten 167 Zentimetern. Das Statistische Bundesamt weist in seinem 2009er Mikrozensus die Durchschnittskörpergröße mit 172 Zentimetern aus, und der größte Mensch der Welt übertrifft den deutschen Mittelwert laut „Guinness Buch der Rekorde" um stattliche 43 Prozent.

„Ich bin der größte Mensch der Welt, solange ich alleine in meiner Wohnung bin", klärte der IT-Analyst regelmäßig die verwirrende

Situation auf. Mit zwei Sätzen hatte der Benchmarker erläutert, wie wichtig die passende Peergroup für den fairen Vergleich ist. Dies trifft nicht nur auf Individuen zu, sondern auch auf individuelle Organisationen. Fehlt diese Gruppe oder ist sie falsch zusammengesetzt, ist auch kein relevanter Maßstab gegeben.

Benchmarking bezieht seine Attraktivität aus dem Vergleich von Kennzahlen, mit denen Preise, Kosten und Leistungen beschrieben werden. Dabei muss es sich vor allem um einen fairen Vergleich handeln, wenn die Ergebnisse aussagekräftig sein sollen. In der Sportwelt ist Doping geächtet, und ein mit unerlaubten Mitteln erzielter Sieg wird – sofern erkannt – aberkannt. Der Vergleichswert des gedopten Sportlers ist mit regulärem Trainingseinsatz nicht zu erreichen, er muss daher aus dem Teilnehmerfeld ausgeschlossen werden.

Auch für einen Benchmark in der Geschäftswelt sollten strenge Regeln an die Vergleichbarkeit angelegt werden. Schließlich wird der Vergleich zu einer Standortbestimmung genutzt, und die Rahmenbedingungen sollten, sofern der Benchmark nicht ein Change-Projekt einleitet, ähnlich sein. Auch eine gute Vergleichsgruppe bietet keine vollständige Übereinstimmung – aber der Benchmarker kann sicherstellen, dass die Mitglieder einer Vergleichsgruppe zueinander passen.

> Der größte Mensch der Welt wird 2010 im Guinness Buch der Rekorde mit einer Körpergröße von 246,5 cm geführt.
> www.guinnessworldrecords.de

DIE STATISTIK

Ein Benchmark beruht auf statistischen Methoden. Für die Beschreibung der Daten wird in der Regel auf die Lagemaße der deskriptiven Statistik zurückgegriffen – der Mittelwert, der Median, der Modalwert und die Quartile. Europäische Anwender bevorzugen den Mittelwert sowie Variationen des ersten Quartils als Vergleichswerte. In Amerika möchte man eine vorurteilsfreie Sicht auf die Benchmark-Ergebnisse ohne eine Gewichtung von Lagemaßen. Das Ergebnisformat umfasst dort oft alle Quartile, um die

3.3 Benchmarking-Grundlagen – Die Vergleichsgruppe

Bandbreite der Resultate zu verstehen. Am Ende wird aber auch in Amerika nur das erste und mit Abstrichen noch das zweite Quartil der Vergleichsgruppe als gutes Ergebnis interpretiert.

Als Mittelwert wird in der Regel der einfache, nicht gewichtete Mittelwert der Daten aus der Vergleichsgruppe genutzt. Für die Quartile gibt es hingegen verschiedene Berechnungen: Vereinfacht dargestellt, teilen sie eine Vergleichsgruppe in vier gleichgroße Abschnitte auf. Das erste Quartil umfasst die unteren 25 Prozent der Vergleichsgruppe, das zweite Quartil beinhaltet die Werte zwischen 25 Prozent und 50 Prozent, das dritte Quartil den Abschnitt von 50 Prozent bis 75 Prozent und das vierte Quartil die oberen 25 Prozent der Vergleichsgruppe von 75 Prozent bis 100 Prozent. In Kombination mit dem Minimum oder dem Mittelwert kann der anspruchsvolle Ausgangswert des ersten Quartils, wie in der Grafik dargestellt, als Benchmark verschärft oder abgemildert werden.

Eine typische Vergleichsgruppe (Peergroup) eines IT-Benchmarks besteht aus sechs bis acht Unternehmen.

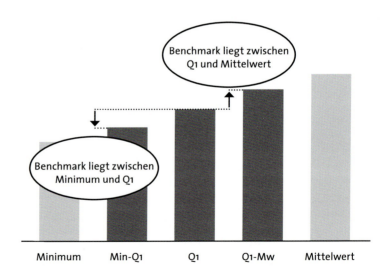

Abbildung 1: In Verbindung mit dem Minimum oder dem Mittelwert kann der anspruchsvolle Ausgangswert des ersten Quartils als Maßstab verschärft oder abgemildert werden.

Gelegentlich wird versucht, die Bedeutung der Vergleichsgruppe mit Zufallsstichproben gleichzusetzen. Hierbei ist die Gültigkeit der Ergebnisse, die sogenannte Repräsentativität, abhängig von der Größe der Grundgesamtheit und der Varianz der Antworten. Im Gegensatz dazu wird die Vergleichsgruppe durch den Benchmarker nach bestimmten Kriterien ausgewählt. Eine gute Vergleichsgruppe im IT-Benchmark besteht aus Organisationen, die viele Eigenschaften der zu untersuchenden IT-Leistungen besitzen und ist repräsentativ, wenn sie das zu vergleichende Unternehmen im kleinen Rahmen darstellt. Der Benchmark greift hierbei auf eine Zielgröße von sechs bis acht Vergleichsunternehmen zurück. Je genauer die Qualität der Vergleichsgruppe bekannt ist oder eingeschätzt werden kann, desto treffender sind die Ergebnisse und deren Interpretation.

DIE PEERS

Im englischen Sprachraum werden die Mitglieder der Vergleichsgruppe als Peers bezeichnet, deren Übersetzung „der Ebenbürtige", „der Fachkollege" und „der Gleichgestellte" lautet. Mit dieser Übersetzung unterstreicht der Begriff Peergroup – das häufig verwendete englische Synonym für Vergleichsgruppe – die Forderung, dass der Vergleich auf Augenhöhe stattfinden soll. Wenn die Befürchtung besteht, dass der Vergleich nicht unter ähnlichen Voraussetzungen stattfindet, wird plakativ von einem irreführenden Vergleich von „Äpfeln mit Birnen" gesprochen. Dieses Bild wird weltweit verstanden, denn es verdeutlicht, dass man bei einem Vergleich genau hinschauen muss, bevor Schlussfolgerungen aus dem Ergebnis abgeleitet werden.

Der sprichwörtliche Vergleich in Deutschland: Äpfel mit Birnen, in Großbritannien: Äpfel und Orangen, in Südamerika: Kartoffeln und Süßkartoffeln.

Für den IT-Benchmark reicht es daher nicht aus, den Vergleich vorzunehmen, wenn nur eine begriffliche Übereinstimmung vorliegt. Der PC-Arbeitsplatz im Unternehmen A ist nicht automatisch mit dem PC-Arbeitsplatz im Unternehmen B zu vergleichen, auch wenn in beiden Fällen Desktop-Rechner eingesetzt werden: Werden bei-

3.3 Benchmarking-Grundlagen – Die Vergleichsgruppe

spielsweise im Unternehmen B die Kosten des User Helpdesks auf den PC-Arbeitsplatz umgelegt, hinkt der Vergleich zum ersten Unternehmen.

Da es in der Wirtschaft keine Klone gibt, muss man sich von der Vorstellung verabschieden, dass eine Vergleichsgruppe aus Zwillingen, Sechslingen oder Achtlingen zusammengesetzt werden kann. Es gibt immer Unterschiede, die im Benchmark über die Normalisierung berücksichtigt werden. Bevor die Normalisierung, wie im Kapitel 3.2 beschrieben, angesetzt werden kann, muss der Benchmarker aus seiner Datenbank passende Unternehmen für die Vergleichsgruppe identifizieren.

> Die Normalisierung dient dazu, Daten mit einer unterschiedlichen Grundlage vergleichbar zu machen (siehe Kapitel 3.2).

Mit der Vergleichsgruppe gibt der Benchmarker einen Teil der Anonymität der ihm zur Verfügung stehenden Peers preis. Im Backoffice des Benchmarkers stehen den Beratern alle Informationen zur Verfügung, und die Vorauswahl der Vergleichsgruppe repräsentiert eine Gruppe, die unter Berücksichtigung aller Rahmenbedingungen eine marktkonforme Leistung erbringt. Für den Benchmarker ergibt sich kein Vorteil, einen guten Peer, der alle Rahmenbedingungen erfüllt, nicht in der Vergleichsgruppe aufzunehmen. Gleichermaßen hat der Benchmarker genauso wenig einen Vorteil davon, einen schlechten Peer der Vergleichsgruppe hinzuzufügen. Er wird also immer die jeweils besten Peers wählen, die ihm in der Datenbank zur Verfügung stehen.

DIE PSYCHOLOGIE

> Wer sich intensiver mit der Entscheidungsfindung befassen möchte: Dr. Paul Slovic, Behavioral problems of adhering to a decision policy.
> www.decisionresearch.org

Übernimmt der Kunde in seinem Benchmark eine aktive Rolle bei der Bewertung der Vergleichsgruppe, klärt er zusammen mit dem Benchmarker, wie viele Datenpunkte über einen Peer benötigt werden. Zu dieser Fragestellung, die grundsätzliche Parallelen zur Entscheidungs- und Verhaltensforschung aufweist, finden sich in den Ergebnissen der Sozialforschung verschiedene Lösungsansätze. Die Arbeiten von Dr. Paul Slovic, Psychologieprofessor an der University of Oregon, zeigen beispielsweise, dass die Anzahl der Daten, die in die Entscheidung einfließen, keinen Einfluss auf das Ergebnis der Auswahl hat. Der Ansatz von Slovic hat zwar keinen direkten Bezug zur IT-Welt, aber auch zwischen Bits & Bytes treffen Menschen Entscheidungen, ohne alle Informationen zu kennen.

In den 70er-Jahren des vergangenen Jahrhunderts untersuchte Dr. Slovic, wie Buchmacher ihr Wettverhalten auf den Ausgang von Pferderennen bei steigender Informationsdichte veränderten. Insgesamt gab es in dem Experiment 88 Variablen mit Informationen über die Pferde, die Jockeys und die Trainer. So konnten beispielsweise das Alter der Pferde, das Gewicht der Jockeys, die Anzahl der bisherigen Rennen oder die Platzierungen in den letzten Wettkämpfen zur Vorhersage auf Sieg und Platz genutzt werden.

> Bei der Auswahl der Unternehmen der Vergleichsgruppe zahlt es sich in der Regel nicht aus, extrem detaillierte Überschneidungen mit der Kunden-IT zu suchen.

In der ersten Versuchsreihe bestimmten die Buchmacher die aus ihrer Sicht fünf wichtigsten Variablen, um das Leistungsvermögen der Pferde in einem Rennen einzuschätzen. In der zweiten Versuchsreihe standen den Buchmachern zehn Variablen zur Verfügung. Im weiteren Verlauf des Experiments wurde die Anzahl der bekannten Informationen zu den Variablen auf bis zu 40 erhöht. Obwohl den Buchmachern fast die Hälfte der Variablen bekannt war, hat sich die Genauigkeit der Vorhersage auf den ersten Platz nicht verändert. In jedem Szenario lag die Trefferquote für den ersten Platz bei ca. 17 Prozent. Mit jeder weiteren Variablen stieg allerdings die subjektive Zuversicht der Wettenden in ihre Entscheidung.

3.3 Benchmarking-Grundlagen – Die Vergleichsgruppe

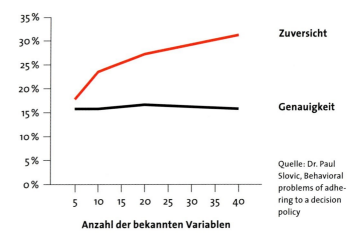

Abbildung 1: Mehr Parameter verbessern nicht die Trefferquote, sondern nur die Zuversicht in die eigene Entscheidung

Für den Benchmark lässt sich im Umkehrschluss daraus ableiten, dass schon wenige Parameter einen guten Einblick über die Qualifikation eines Peers geben – und dass es sich selten auszahlt, extrem detaillierte Überschneidungen zu suchen.

DIE VERGLEICHSGRUPPE

Eine der ersten Weichenstellungen in der Vergleichsgruppe sollte die Unterscheidung zwischen externer und interner IT-Leistungserbringung sein. Unternehmen mit externer Leistungserbringung haben die IT, oder zumindest den überwiegenden Teil, an einen IT-Dienstleister ausgelagert. Die IT-Services sind über Leistungsscheine definiert. Der Schwerpunkt der Betrachtung liegt in einem Marktpreis-Benchmark sowie im Vergleich der Leistungsschnitte und der Angemessenheit der Service-Level-Agreements (SLAs). Die interne IT-Leistungserbringung liegt maßgeblich in der Verantwortung der eigenen IT-Abteilung. Leistungen können im Konzern auch für andere Bereiche erbracht werden, aber über die Unternehmensgrenzen werden keine IT-Services an Dritte angeboten. Der Benchmark konzentriert sich dabei auf die Kosten und die Effizienz der eingesetzten Hardware-, Software- und Personal-Ressourcen.

In der ersten Phase der Zusammenstellung der Vergleichsgruppe muss auf weitere demografische Eigenschaften geachtet werden. Hierzu zählen Alter der Daten, Ort der Leistungsabnahme und Ort der Leistungserbringung sowie die Branche der Vergleichsunternehmen. Im Marktpreis-Benchmark sollten zusätzlich die Vertragslaufzeit, das Volumen und die Währung des Outsourcing-Vertrags berücksichtigt werden.

Externe Dienstleister werden zwischen Captive und Non-Captive unterschieden. Als Captive werden konzerngebundene Dienstleister bezeichnet, die den größten Teil ihres Umsatzes im Konzern erwirtschaften. Non-Captive sind nicht-konzernzugehörige Dienstleister.

	Kunde	Peer 1	Peer 2	Peer ...
Branche	IND	FIN	IND	IND
Alter der Daten	2011	2011	2010	2011
Region Leistungsabnahme	Europa	Europa	Europa	Europa
Region Leistungserbringung	Europa	Europa	Europa	Europa
Vertragslaufzeit	4–6 Jahre	4–6 Jahre	7–9 Jahre	4–6 Jahre
Outsourcing-Vertrag Volumen p.a.	35 Mio.	50 Mio.	20 Mio.	30 Mio.
Währung	EUR	EUR	EUR	EUR

Tabelle 1: Demografische Angaben der Vergleichsgruppe

Zur Wahrung der Vertraulichkeitsvereinbarungen, die jedes Unternehmen in einem Benchmark festlegt, werden einige Peer-Informationen in Clustern oder als gerundete Werte gezeigt. Bei der Branche wird zwischen Industrie (IND), Finanzen (FIN), Handel, Logistik und Reise (RLT) sowie Technologie, Telekommunikation, Medien & Öffentlichem Sektor (TMG) unterschieden. Der regionale Einfluss auf die Vergleichsgruppe ist durch die Regionen Europa, Ost-Europa, Amerika, Südamerika, Indien und APAC (Asiatisch-

3.3 Benchmarking-Grundlagen – Die Vergleichsgruppe

Pazifisch) ausreichend beschreiben. Nur in Einzelfällen ist es sinnvoll, eine feinere Länderunterteilung vorzunehmen.

Die Vertragslaufzeit erlaubt Rückschlüsse über die Motivation des Outsourcing-Abkommens. Kurze Vertragslaufzeiten (1–3 Jahre) können auf eine taktische Maßnahme hinweisen. Der Outsourcer wird unter Umständen hier keine strategische Weiterentwicklung der IT in Angriff nehmen, die bei mittleren oder langen Vertragslaufzeiten (4–6 Jahre, 7–9 Jahre oder 10+ Jahre) oft Bestandteil der Outsourcing-Vereinbarung sind. Auch das Outsourcing-Volumen ist im Marktpreis-Benchmark ein guter Indikator für die Güte der Vergleichsgruppe. Große Outsourcing-Verträge mit kleinen zu vergleichen, wird beiden Ausprägungen nicht gerecht. Die Komplexität des Managements der Verträge, die sich im Volumen abbildet, sollte entsprechend berücksichtigt werden.

> Die Rahmenvereinbarungen eines Outsourcing-Vertrags geben oftmals Aufschluss über die IT-Strategie des Unternehmens.

Die Währung des Vertrages kann die Auswahl der Vergleichsunternehmen abrunden. Der Vergleich findet in der Landeswährung des Kunden statt. Fremdwährungen werden mit den offiziellen Wechselkursen der betreffenden Zeiträume umgerechnet.

FAZIT

Eine typische Vergleichsgruppe für einen IT-Benchmark besteht aus sechs bis acht Unternehmen. Die Eigenschaften der einzelnen Peers wie das Alter der Daten, die Region der Leistungsabnahme und Leistungserbringung, die Branche der Vergleichsunternehmen und das Volumen des Outsourcing-Vertrags sollten zum jeweiligen Kunden im Benchmark passen. Je besser die einzelnen Mitglieder einer Vergleichsgruppe mit dem Untersuchungsumfang übereinstimmen, desto eher wird ein fairer Vergleich möglich. Für die Beurteilung der Vergleichsgruppe reichen wenige Schlüsselparameter aus.

ERFOLGSFAKTOREN

von Timo Kopp

Ein Benchmark ist nicht mehr und nicht weniger als ein IT-Projekt. Für ein Benchmark-Projekt gelten die gleichen Spielregeln wie für andere IT-Vorhaben auch. Erfolg wird in der Regel mit den Antworten auf drei Fragen gewichtet: „Verlief das Projekt in Budget, in Time und in Quality?" Dem Auftraggeber kommt eine entscheidende Aufgabe zu: Er muss die Projektziele im Vorfeld definieren und mit dem Benchmarker sowie allen betroffenen Stakeholdern abstimmen. Daneben haben seine Mitarbeiter einen großen Anteil am Gelingen des Projekts.

Der Fall, dass ein Benchmark-Projekt vollständig scheitert, kommt äußerst selten vor. Sollte dies dennoch eintreten, liegen die Gründe hierfür zumeist in der mangelnden Zieldefinition im Vorfeld, an internen Spannungen in der Organisation des Auftraggebers sowie – bei Marktpreis-Benchmarks – in einer fehlenden Unterstützung durch den IT-Dienstleister. Zudem kann es vorkommen, dass Auftraggeber und Benchmark-Experten nicht auf einen gemeinsamen Nenner kommen – zwischenmenschlich und fachlich.

In allen anderen Fällen, also bei einem „normalen" Projektverlauf, wird der Erfolg des Benchmarks von mehreren Faktoren beeinflusst. Diese betreffen wie bei jedem Vorhaben die Kosten des Vorhabens, die Qualität und die Lieferung innerhalb des Zeitrahmens. Aufseiten des Benchmarkers sind einmal das Benchmarking-Modell und zum anderen die Datenbank entscheidend.

BENCHMARK IN QUALITY

An erster Stelle steht jedoch immer eine präzise formulierte Anforderung durch den Auftraggeber. Der Kunde sollte sich schon vor der Beauftragung eines Benchmarks klar darüber werden, was überhaupt mit dem Projekt bezweckt wird. Auch wenn dies trivial klingt, gibt es noch immer Organisationen, die sich mit dieser Frage im Vorfeld nur oberflächlich beschäftigt haben. „Benchmark in Quality" bezieht sich hier also nicht auf die Qualität der Kennzahlen, der Benchmark-Experten oder der abschließenden Management-Präsentation, sondern auf die Übereinstimmung der Erwartungshaltung und der tatsächlichen Kundensituation. Je größer die Lücke, desto weiter hat der Benchmark das Ziel verfehlt.

Benchmarks können von der IT-Abteilung beauftragt werden, wenn sie etwa Bestandteil eines Gesamtprojekts wie der Konsolidierung von Systemen oder der Reorganisation der IT sind, von denen sich das Management Kosteneinsparungen verspricht. Mit dem Benchmark wird dieser „Anfangsverdacht" objektiv bestätigt – oder revidiert. Ein neuer IT-Verantwortlicher kann ein Benchmark-Projekt starten, um sich einen Überblick über den Stand der Dinge zum Amtsantritt zu verschaffen und gezielt Potenzial für Verbesserungen zu identifizieren. Für interne Diskussionen und Verhandlungen lässt sich ein Benchmark schließlich dazu verwenden, um den „Wert der IT" mehr oder weniger zweifelsfrei zu demonstrieren: „Wir liefern heute mehr Leistung mit einem geringeren Aufwand als noch vor zwei Jahren."

> Nur wenn das Ziel des Benchmarks klar formuliert ist, kann eine abschließende Beurteilung zu dessen Qualität erfolgen.

Aus diesen Vorgaben leitet sich die Definition der Projektziele ab, die im Idealfall vor dem Auftrag für einen Benchmark durch den Kunden intern erarbeitet wird. Die daraus resultierende Vorgehensweise, der passende Detailgrad und die methodisch sinnvolle Umsetzung sollte der Benchmark-Spezialist im Vorfeld gemeinsam mit dem Kunden erörtern: Brauchen wir in jedem Bereich eine separate Untersuchung bis auf Detailebene oder ist es im ersten Schritt sinnvoller, einen Überblick über die Gesamtsituation zu erlangen? Die dritte Option wäre eventuell eine Mischform aus

3.4 Benchmarking-Grundlagen – Erfolgsfaktoren

dem Gesamtüberblick, der durch eine detaillierte Untersuchung der größten IT-Kostenblöcke im Unternehmen angereichert wird. Nur wenn allen beteiligten Parteien die Zielsetzung des Benchmarks klar ist und diese auch kundenintern in allen relevanten Bereichen kommuniziert worden ist, werden die in dem Benchmark ausgewiesenen Ergebnisse nachvollziehbar sein und akzeptiert werden. Der Detaillierungsgrad der Untersuchung ist für einen weiteren Aspekt der Ergebnisqualität wichtig: Viele CIOs beauftragen eine präzise Detailanalyse, um in jedem IT-Bereich auf „Bits und Bytes" den Standort der Unternehmens-IT zu bestimmen. Im Laufe des Projekts stellt sich jedoch heraus, dass sich die für den Detail-Benchmark nötigen Daten in dieser Granularität nicht erheben lassen. Werden dann statt harter Fakten Annahmen und Schätzwerte verwendet, kann das Ergebnis kundenintern an Glaubwürdigkeit verlieren.

BENCHMARK IN COST

Ein erfolgreiches Benchmark-Projekt aus Kostensicht wird sich für das beauftragende Unternehmen vor allem auf zwei Säulen stützen: Einmal auf den Preis, der für den Benchmark an den durchführenden Dienstleister bezahlt wird (zuzüglich der internen Aufwände und Ressourcen, die es dafür bereitstellen muss),

Der Kostenvergleich betrifft neben den IT-Kosten auch die des Benchmark-Projekts.

sowie zum anderen der Kostenvergleich als Ergebnis der Studie. Hier lassen sich wiederum zwei Stränge verfolgen. Einmal wird das Management vermutlich zufrieden sein, wenn das Unternehmen beim Benchmark gegen die Peergroup kostengünstig und mit einer hohen Produktivität abschneidet. Auf der anderen Seite kann ein IT-Leiter diese Benchmark-Resultate als Argument für interne Diskussionen nutzen, sobald der traditionelle Vorwurf geäußert wird, die IT verschwende Ressourcen.

Zudem kann der Benchmark-Auftraggeber diejenigen Bereiche identifizieren, in denen seine IT-Organisation unter Marktniveau liegt, um die Probleme im Nachgang gezielt anzugehen. Sollten vie-

3.4 Benchmarking-Grundlagen – Erfolgsfaktoren

le Segmente einer untersuchten IT unter Marktniveau liegen oder die IT insgesamt ein schlechtes Bild abgeben, kann der Benchmark dennoch (zumindest für das Unternehmen) erfolgreich verlaufen sein – es zeigt sich in der Regel durch den Marktvergleich, warum Defizite herrschen und welche Risiken drohen, wenn sie nicht behoben werden. „Augen zu und durch" ist in der IT keine Strategie, die nachhaltigen Erfolg verspricht.

Auch schlechte Nachrichten sind im IT-Benchmark gute Nachrichten. Sie zeigen Defizite auf und deuten Lösungswege an.

BENCHMARK IN TIME

Ein Benchmark-Projekt ist in verschiedene Phasen unterteilt, die durchlaufen werden und in denen der Benchmarker sowie die zu untersuchende IT-Organisation diverse Aufwände abarbeiten müssen. Erfahrungsgemäß zeichnet sich häufig bereits im ersten Drittel des Benchmark-Projekts ab, ob die zeitliche Terminierung eingehalten werden kann.

- Pre-Project und Projektinitiierung

  In dieser Phase wird vereinbart, welche Teile der IT in welchem Detaillierungsgrad untersucht werden sollen. Im Kick-off-Workshop werden das Projekt sowie der Untersuchungsbereich allen relevanten IT-Bereichen vorgestellt und gemeinsam (unter Leitung des Benchmarkers) der Zeitplan festgelegt.

- Datensammlung/Workshop

  In dieser Phase ist darauf zu achten, den beteiligten IT-Bereichen genügend Zeit für die Datensammlung einzuräumen. Schließlich verläuft der Benchmark in der Regel parallel zum Tagesgeschäft. Marktüblich kann hier eine Zeitspanne von zwei bis vier Wochen angenommen werden, je nach Umfang der Untersuchung.

Entscheidend für den Aufwand und den reibungslosen Ablauf der Workshop-Sessions ist der Stand der Dokumentation über alle

3.4 Benchmarking-Grundlagen – Erfolgsfaktoren

Bereiche, die im Benchmark-Projekt untersucht werden. Gefragt sind aussagekräftige Informationen, die in den Untersuchungsbereich einführen, sowie verfügbare Mengengerüste, Tätigkeitsbeschreibungen, Organigramme und Qualitätsparameter (SLAs). Diese Informationen sollten im Vorfeld der Datenerfassungsphase über den gesamten Untersuchungsbereich gesammelt und dem Benchmarking-Spezialisten zugänglich gemacht werden. So wird sichergestellt, dass sich dieser auf die einzelnen Sessions vorbereiten und somit fokussierter in die Workshops gehen kann.

Neben der Einführung und Erfassung in die Fachthemen ist die Zuordnung des betreffenden Personals sowie der IT-Kosten im Untersuchungsbereich des Kunden wichtig. Um einen fairen Vergleich gewährleisten zu können, muss der Benchmarker verstehen, welche Kostenarten im Untersuchungsbereich anfallen und wie sich das Personal des Untersuchungsbereiches zusammensetzt. Ohne Informationen und Unterstützung des Kunden ist dies in der vereinbarten Zeit kaum zu leisten.

Von der Qualität der Vorbereitung und den Kompetenzen der Beteiligten hängt die straffe Durchführung des Benchmarks ab.

ERFOLGSFAKTOREN: AUFTRAGGEBER

Der wahrgenommene Erfolg des Benchmark-Projekts hängt also maßgeblich davon ab, ob die Mitarbeiter des Auftraggebers alle benötigten Informationen im Zeitplan erheben und an den Benchmarker übermitteln können. Neben der Tatsache, dass die Daten vorhanden sein müssen, zählen hier vor allem die inhaltlichen und strukturellen Kompetenzen der Projektmitarbeiter. Je häufiger der Zeitplan des Gesamtprojekts angepasst werden muss, desto geringer wird schließlich der Erfolg des Vorhabens wahrgenommen. Das Benchmark-Projekt steht und fällt mit den handelnden Personen. Beim Auftraggeber sind der Benchmark-Sponsor, der Projektleiter und Mitarbeiter für die Datenerhebung für das Gelingen verantwortlich.

Benchmark-Sponsor

Dem Initiator des Benchmarks, dem Sponsor, fällt die Aufgabe zu, das Projekt gegenüber seiner Mannschaft vorzustellen, den Sinn und Zweck des Vorhabens für das Management zu erläutern und aktive Mitarbeit einzufordern. Hierzu zählt auch das Priorisieren der anfallenden Aufgaben im Spannungsfeld von Benchmark-Projekt und Tagesbetrieb. Der Benchmark-Sponsor stellt eine Art Eskalationsinstanz beziehungsweise das höchste Entscheidungsgremium dar. Sollte es in dem entsprechenden Projekt zu Unstimmigkeiten und grundsätzlichen Fragen zwischen Benchmarker und Auftraggeber kommen, wird der Sponsor eingeschaltet. Häufig ist der Sponsor der IT-Leiter des Unternehmens oder der verantwortliche IT-Controller.

Projektleiter

Die Rolle des Projektleiters wird nur in Ausnahmefällen vom Projektsponsor eingenommen. In der Regel wird der Projektleiter für die Dauer des Vorhabens vom Sponsor ernannt. Er hat die Aufgabe, die Schnittstelle zwischen Dienstleister und dem Kunden zu bilden (Single Point of Contact). Darüber hinaus ist er angehalten, die unternehmensinterne Kommunikation zu übernehmen und die Einhaltung der Meilensteine sowie die vereinbarte Datenübergabe sicherzustellen. Daher ist es notwendig, dass der Projektleiter an jedem Termin des Benchmark-Projekts – also Telefonkonferenzen, Vor-Ort-Termine, Workshops und Präsentation – teilnimmt. Zwischen ihm und dem Projektleiter aufseiten des Benchmarkers sollte von jedem dieser Treffen ein Kurzprotokoll mit den vereinbarten Punkten ausgetauscht werden.

Mitarbeiter Controlling/IT

Generell muss darüber Einigkeit hergestellt werden, aus welchem IT-Bereich Kosten- und Personaldaten für den Benchmark zugeliefert werden. Das IT-Controlling bietet sich für diese Aufgabe an, da hier die nötigen Informationen zentral zur Verfügung stehen. Alternativ kann auch mit den IT-Abteilungsleitern die Personal- und Kostenzuordnung erfolgen. Oft hat dies den Vorteil, dass die Abteilungsleiter die Zuteilung der Ressourcen exakter treffen können, als dies ein Controller anhand eines historischen Organigramms kann. Häufig läuft bei den Abteilungsleitern die Zuordnung von Personal und Kosten Hand in Hand in die Benchmark-Betrachtung mit ein.

Teamleiter IT-Fachthemen

Die für den Untersuchungsbereich des Benchmarks relevante Ausprägung wird mit den jeweiligen Fachexperten erörtert: Wie viel (Menge) betreut der jeweilige IT-Fachbereich des Auftraggebers wovon (Art und Ausprägung) in welcher Qualität (Service-Level, SLAs) und wo sind die Schnittstellen zu anderen Bereichen (Abgrenzung innerhalb des IT-Fachbereiches oder zu anderen IT-Fachbereichen)? Die Abgrenzung kann sowohl

- technisch bedingt sein (Unix-Server + Windows-Server) als auch
- serviceorientiert erfolgen (Serverbetrieb Client-Systeme + Serverbetrieb Enterprise-Applikationen).

Beim Benchmark einer Outsourcing-Beziehung (Kunde – Dienstleister extern oder Dienstleister intern) sind der Service-Manager des IT-Dienstleisters sowie der Service-Nehmer auf Kundenseite als Fachexperten vorzusehen.

ERFOLGSFAKTOREN: BENCHMARKER

Auf der Seite des Benchmark-Spezialisten gibt es zwei zentrale Erfolgsfaktoren, die für ein erfolgreiches Projekt unabdingbar sind. Dabei handelt es sich um das grundsätzliche Benchmarking-Modell sowie die Qualität der Datenbank und damit der Vergleichsgruppe.

Benchmark-Modell

Das Benchmark-Modell bildet den methodischen Unterbau, der die Herangehensweise an die beschriebenen Kundensituationen (Marktvergleich sowie interner Produktivitäts-Benchmark technisch- oder serviceorientiert) steuert. Durch das Benchmark-Modell werden der Untersuchungsbereich definiert und die Frage beantwortet, welche IT-Segmente aus dem Kundenportfolio in das Projekt einbezogen beziehungsweise ausgeschlossen werden, um einen fairen Vergleich zu ermöglichen.

Nur wenn ein Modell existiert, das sich an den operativen Kundengegebenheiten orientiert oder auf diese anwendbar ist, kann gewährleistet werden, dass jeder zu untersuchende IT-Bereich vollständig erfasst wird. Das Benchmark-Modell sollte deshalb die konkrete Leistungserbringung (oder Zuschnitte der Services) des internen oder externen Dienstleisters beinhalten. Außerdem sollten Dimensionen wie Personalleistungen, technische Mengen und Qualitäten beziehungsweise Service-Level und Risiken erfassbar sein und sich durch das Modell abbilden lassen. Dabei muss das Modell so flexibel sein, dass kundenspezifische Eigenheiten wie Komplexitätstreiber abgebildet werden können.

> Hohe Flexibilität des Benchmark-Modells ist entscheidend für die Aussagefähigkeit.

Datenbank und Peergroup

Ein Benchmark lebt von einem sauberen Vergleich einer konkreten Kundensituation mit Unternehmen ähnlicher Ausprägung. Unab-

3.4 Benchmarking-Grundlagen – Erfolgsfaktoren

hängig davon, ob diese Ausprägung nun die gleiche Branche oder die vergleichbare Anzahl an zu betreuenden Usern, Servern oder PCs ist – um überhaupt eine Auswahl treffen zu können und an die entsprechenden Daten für eine adäquate Peergroup zu kommen, bedarf es einer zentralen Datenbank. Kein Kunde wird sich mit der lapidaren Aussage zufriedengeben, dass er generell zu teuer ist und dass seine Marktbegleiter den entsprechenden Service günstiger anbieten als er.

Die auszuweisende Detaillierung fächert sich zum einen in verschiedene Kostenarten auf, daneben aber auch in einer Vielzahl technischer Informationen. Qualitätsparameter und weitere Dimensionen müssen granular als indexierte Rohdaten zur Verfügung stehen. Zudem sollten die Daten frisch sein – angesichts der preislichen Volatilität in der IT-Branche sind Zahlen, die älter als 15 Monate sind, alt. Insofern fällt es auch schwer, im Nebenberuf als Benchmarker anzutreten – ohne einen stetigen Zufluss an Daten sind die Resultate eines Benchmark-Vergleichs angreifbar.

IT-Benchmarking kann nur mit aktuellen Daten funktionieren.

FAZIT

Der Erfolg eines Benchmark-Projekts ist von vielen Faktoren abhängig. Wie bei einem „normalen" IT-Projekt kommt es auf eine Lieferung in der vereinbarten Zeit, zu vereinbarten Kosten und in der vereinbarten Qualität an. Ob dies gelingt, hängt zu einem großen Teil an der Kompetenz des Benchmarkers und von den Mitarbeitern aufseiten des Auftraggebers ab. Haben sie die notwendige Datenqualität parat und sind Priorisierungen (Befugnisse) gesetzt, um alle relevanten Daten an den Benchmarker zu übergeben, ist das die beste Voraussetzung für ein gelungenes Vorhaben.

AUFWAND UND KOSTEN

von Timo Kopp

Die Methode der Datenerhebung, die Breite der Analyse sowie deren Tiefe bestimmen den Aufwand für einen Benchmark – aufseiten des Kunden und des Benchmarkers. Je detaillierter die Anforderungen, desto umfangreicher wird das Projekt. Gerade IT-Organisationen, die sich erstmals einem Benchmark stellen, tun sich teilweise schwer, alle geforderten Daten und Informationen bereitzustellen. Allerdings gibt es Mittel und Wege, den Aufwand einzudämmen.

Die meisten Diskussionen über das Für und Wider eines Benchmarks erreichen in ihrem Verlauf den Punkt, an dem der vermeintlich hohe Aufwand aufseiten des Kunden sowie die Kosten des Projekts als Gegenargument für einen Leistungsvergleich angeführt werden. In der Tat ist ein Benchmark immer mit Aufwand für das zu analysierende Unternehmen verbunden, denn die Datenerhebung auf Knopfdruck ist nicht möglich – schließlich sind weder Daten noch Strukturen und Prozesse von Unternehmen im Hinblick auf das zugrunde liegende Modell des Benchmarkers standardisiert.

Dieser Umstand macht die Datenerhebung zu einer aufwendigen Angelegenheit vor allem für IT-Organisationen, die sich erstmals einem Benchmark-Vergleich unterziehen und die gefordert sind, ihre eigenen Daten zu sichten, zu strukturieren und zusammenzutragen. Hat ein Unternehmen hingegen Erfahrungen im Benchmarking und bereits Projekte absolviert, reduziert sich der Aufwand: Die Mitarbeiter des Kunden kennen den Prozess sowie ihre Aufgaben und in der Regel lassen sich auch die Daten leichter erheben, weil bekannt ist, an welchen Stellen sie gesucht werden müssen. Dieser erwünschte Nebeneffekt des Benchmark-Projekts hat zur Folge, dass die interne Transparenz über die IT-Kosten und -Preise im Unternehmen zunimmt.

SCOPE UND DURCHDRINGUNG

Oft wird ein Benchmark nicht aus der IT-Abteilung selbst angestoßen, sondern aus dem Finanzbereich eines Unternehmens. Viele CFOs betrachten ihre IT primär unter Kostengesichtspunkten und als erste Wahl bei Einsparungen. Zudem gehen Finanzverantwortliche mitunter recht hemdsärmelig an die Bewertung der IT-Kosten heran. Beliebte Kennzahlen sind etwa die IT-Aufwendungen im Verhältnis zur Mitarbeiterzahl oder zu den Einnahmen.

Auf den ersten Blick mögen die Werte genügen, um große Abweichungen zum „Durchschnitt" zu erkennen. Im Detail offenbaren sich aber die Schwächen dieses Ansatzes: Der niedrige Personaleinsatz in einem Bereich kann zwar auf eine hohe Produktivität hindeuten, gravierende Risiken beim Ausfall zentraler Mitarbeiter werden hier aber nicht berücksichtigt. Diese andere Seite der Medaille interessiert zwar nicht unbedingt den CFO, sehr wohl aber CIO oder IT-Leiter. Sie verantworten letztlich den reibungslosen Betrieb, wozu auch der Umgang mit Risiken zählt.

Bei der Beurteilung der eigenen IT hat jede Abteilung eines Unternehmens ihren eigenen Blickwinkel. Soll ein Benchmark diesen nachvollziehen, erhöht sich der Aufwand entsprechend.

Diese unterschiedlichen Perspektiven haben Auswirkungen auf die konkrete Ausgestaltung des Benchmark-Projekts und dadurch auch auf den damit einhergehenden Aufwand. Möchte etwa der CFO wissen, wie viel monetäres Potenzial in seiner IT schlummert, ist er in der Regel an einer Ampelsicht (Dashboard) über die Leistung der im Unternehmen bestehenden IT-Bereiche interessiert. Für ein Benchmark-Projekt bedeutet dies von der Herangehensweise eine Reduzierung der Tiefe in der Datenerfassung, sprich Durchdringung der Einzelbereiche. Die IT-Leitung wiederum wäre vermutlich interessiert an einer detaillierteren Betrachtung einzelner Segmente, etwa des Server-Betriebs bei Mainframes, Unix und Windows. Hier müssten andere Zahlen erhoben werden als für ein CFO-Dashboard.

Neben der Tiefe der Datenerfassung bestimmt die Breite des Vergleichs (neudeutsch: Scope) den Aufwand und damit die Kosten. Der Projektumfang beeinflusst den Einsatz von Personal, Zeit und Geld, speziell für die Datenerfassung. Der Bereich ist der größte Treiber für Kosten und Aufwand eines Benchmark-Projekts. Hier findet sich auch ein wichtiger Unterschied im Geschäftsmodell der Benchmarking-Anbieter, denn die Methode der Datenerfassung hat eine große Wirkung auf den Gesamtaufwand.

METHODEN DER DATENERFASSUNG

Für die Erfassung der Daten haben sich verschiedene Vorgehensweisen für unterschiedliche Einsatzszenarien etabliert.

Web-basiert

Dieses Verfahren sieht vor, dass Kunden ihre eigenen Kennzahlen in eine Maske eingeben und nach Abschluss der Erhebung die Gesamtergebnisse zurückgespiegelt bekommen. Dabei handelt es sich um ein selbstpflegendes System mit allen Vor- und Nachteilen: Die Datenqualität ist nicht sichergestellt und der Detaillierungsgrad beziehungsweise der individuelle Zuschnitt des Vergleichs ist nicht sehr ausgeprägt. Folglich lässt sich hier kaum von einem klassischen Benchmark sprechen, sondern eher von einem Research-Format beziehungsweise von einer detaillierten Umfrage.

Standardfragebogen-basiert

Pro Untersuchungsbereich erhält der Kunde hierbei einen fest definierten Standardfragebogen, den die zuständige IT-Abteilung vollständig ausfüllen muss. Durch den höheren Aufwand auf Kundenseite für die interne Erfassung der Daten sinkt der Aufwand aufseiten des Benchmarkers. Allerdings ist dieses Verfahren nicht zielgerichtet, denn die Fragen sind stark standardisiert. Hinzu kommt: Wenn die IT des Kunden auf das Raster der Vergleichsgruppe normiert wird, wirkt die Datenerhebung zwangsläufig wie ein relativ starres Korsett, was die abzufragenden Parameter sowie die Art und Weise der Bereichszuordnung angeht. Unabhängig davon, wie sie intern aufgestellt ist, muss sich die Organisation des Kunden an der Peergroup orientieren. Dadurch können die Resultate des Benchmarks die Realität verzerrt wiedergeben, da nicht der Kunde im Fokus steht, sondern die Datenbank des Benchmarkers.

> Standardisierte Erfassungsmethoden erlauben nicht, die Vergleichsdaten an die Kundenverhältnisse anzupassen.

Workshop-basiert

Der Untersuchungsbereich des Kunden wird in diesem Modell durch Interviews im Rahmen eines Workshops eingegrenzt, erfasst und analysiert. Welche Leistungsbestandteile sind Teil der Untersuchung, welche Tätigkeiten werden erbracht, wie ist die Abgrenzung zu angrenzenden IT-Bereichen, wie viele Kapazitäten sind in dem betreffenden Bereich angesiedelt? Dadurch kann der Benchmarker gut vorbereitet und zielgerichtet in die Datenerhebung für die eigentliche Benchmark-Analyse einsteigen.

Diese Methode bedingt, dass sich der Benchmarker mit den Erfordernissen der Kundenseite akribisch auseinandersetzt. Er muss sich auf jedes Thema vorbereiten und die Dokumente sowie Vorab-Informationen des Kunden aufbereiten. Der Vorteil für den Kunden liegt darin, dass ein Teil der eigentlichen Datenerfassung bereits vom Dienstleister erledigt und somit Zeit und interne Ressourcen gespart wurden.

GENERISCHER AUFWAND

Neben den beiden Benchmark-Faktoren Tiefe (Dashboard vs. Detail) und Umfang (Overview vs. Target) erzeugen die generischen Meilensteine eines Projekts erfahrungsgemäß einen fest kalkulierbaren Aufwand.

Projektinitiierung (Kick-off)

Beim Kick-off-Meeting führt der Benchmark-Sponsor das Benchmark-Kernteam seiner Organisation zusammen. Das Kick-off-Meeting dauert in der Regel etwa zwei bis drei Stunden. Dabei fällt dem Berater die Aufgabe zu, den gesamten Benchmarking-Prozess methodisch zu erläutern und den Zeitrahmen zu erstellen.

Workshop zur Datenerfassung

Mit der Datenerfassung wird der Untersuchungsbereich thematisch eingeordnet und seine konkrete Ausprägung aufgenommen. Der Aufwand für den Kunden richtet sich nach dem Stand der Dokumentation etwa zu Mengengerüsten, Tätigkeitsbeschreibungen, Organigrammen und Qualitätsparametern (SLAs). Diese Informationen sollten im Vorfeld der Erfassungsphase über den jeweiligen Untersuchungsbereich gesammelt und dem Benchmarking-Dienstleister zugänglich gemacht werden. Je nach Untersuchungsgegenstand und Detailtiefe muss für die Datenerfassung pro Untersuchungsbereich (beispielsweise Unix-Server) etwa ein halber Workshop-Tag mit dem Kernteam des Kunden sowie den Benchmarking-Spezialisten veranschlagt werden.

Nach der gemeinsamen Workshop-Phase muss der Benchmarking-Spezialist alle Lücken in den bislang zur Verfügung gestellten Informationen sammeln. Der Kunde sollte daran anschließend Sorge tragen, dass diese fehlenden Daten in einer angemessenen Zeit beschafft und nachgereicht werden.

Datenvalidierung/Data Freeze

In der Plausibilisierungsphase prüft der Benchmarker das Datenmaterial als Vorbereitung der Datenvalidierung. Ergebnisse, offene Punkte und Unklarheiten aus der Plausibilisierungsphase werden zusammengetragen und mit dem Kunden besprochen. Der daran anschließende Schritt des sogenannten „Data Freeze" ist eine Formalität, in der der Kunde dem Benchmarker offiziell die Richtigkeit der zur Verfügung gestellten Daten bestätigt. Die Phase der Plausibilisierung und Validierung beträgt je nach Größe und Umfang des Untersuchungsbereiches zwei bis drei Wochen. In dieser Zeit kann es immer wieder zu kurzen Statustelefonaten kommen, um ausgetauschte Dokumente zu besprechen.

> Der Kunde muss die Korrektheit der erhobenen Daten garantieren.

Ergebnispräsentation

Das Ergebnis des Benchmark-Vergleichs wird in der Regel vom operativen Benchmark-Team präsentiert. Hier werden mit den IT-Fachverantwortlichen konkrete Abweichungen der einzelnen Bereiche vom Markt aufgezeigt und Handlungsempfehlungen diskutiert. Für diesen Termin können etwa vier Stunden veranschlagt werden. Teilnehmerkreis ist das operative Benchmarking-Team auf Teamleiter-Ebene.

Management-Präsentation

Die Erfahrung zeigt, dass eine Kombination von Ergebnis-Präsentation und Management-Präsentation nicht zielführend ist. Hintergrund: Das IT- und das Top-Management benötigen unterschiedliche Informationen und Kennzahlen für ihre Arbeit. Auftraggeber und Benchmarker sollten im Idealfall die Management-Version der Ergebnisse gemeinsam aufbereiten und so die Relevanz der Informationen sicherstellen. Der Vor-Ort-Termin der Management-Präsentation dauert etwa eine Stunde.

KOSTEN DES BENCHMARKS

Neben dem internen Aufwand etwa für die Datenerhebung fallen bei jedem Benchmark-Projekt Kosten an, die wiederum von der Tiefe und der Breite der Analyse abhängen. Nicht nur für die zu untersuchende IT-Organisation bedeutet ein höherer Detaillierungsgrad eine längere Bindung interner Ressourcen – dies trifft selbstredend auch auf den Benchmarking-Dienstleister zu.

Benchmark-Projekte werden häufig zu einem Festpreis angeboten. Möglich ist dies, da es sich bei einem Benchmark in der Regel um ein standardisiertes Verfahren mit definierten Meilensteinen und einem festgelegten Untersuchungsumfang handelt. Darauf basierend ist der Benchmarking-Dienstleister in der Lage, seine Aufwände durch die Anforderungen des potenziellen Kunden abzuschätzen und ein Angebot zu kalkulieren. Dabei kursieren Zahlen im Markt, die das finanzielle Volumen eines IT-Benchmarks zwischen 15.000 und 150.000 Euro verorten. Das mag auf die Mehrzahl der Projekte zutreffen, doch im Einzelfall hilft diese Information letztlich nicht wirklich weiter.

EFFIZIENTERE BENCHMARKS

Die Berechnung der Höhe der Benchmark-Kosten orientiert sich neben der Breite des Untersuchungsumfangs auch am Detailgrad der auszuweisenden Ergebnisse. Somit stellt jede berechnete Zahl eines Benchmarks einen Wert an sich dar. Deshalb sollte sich der Kunde vorab in jedem Fall die Frage stellen, wie das Ergebnis – welche Informationen, wie aufbereitet – bei Projektende aussehen soll. Um die Kosten für ein Benchmark-Projekt zu reduzieren, müssen entweder der Umfang oder die Tiefe der Untersuchung verändert werden.

Für jeden Teilbereich der Benchmark-Untersuchung werden Informationen gesammelt, darunter Finanzdaten, Personaldaten,

Mengen, technische Spezifikationen und Ausprägungen. Diese Informationen müssen aufgenommen, analysiert und ausgewertet sowie anschließend dem Benchmark zugeführt (sprich: berechnet und aufbereitet) werden. Es kann deshalb aus Kundensicht zielführend sein, vorab die größten Kostentreiber im IT-Gesamtbudget zu identifizieren. Diese werden gezielt dem Benchmark-Vergleich unterzogen, da erwartet werden kann, dass der Hebel hier entsprechend groß sein wird. Die verbleibenden Bereiche können von dem Benchmark ausgespart werden, ohne dass sich die Standortbestimmung einer IT-Organisation signifikant verändert.

Der Detailanspruch bestimmt die Kosten des Benchmarks. Frühzeitiges Konzentrieren auf die Hauptkostenfaktoren kann den Aufwand begrenzen helfen.

Alternativ kann es sinnvoll sein, Unterbereiche oder Kategorien der IT zu konsolidieren oder für den Benchmark zusammenzufassen. So lassen sich beispielsweise die im Server-Betrieb befindlichen „Linux-Derivate" sowohl einzeln gegen den Markt betrachten als auch auf der höheren Ebene „Linux-Server". Der Aufwand für die letztere Option ist geringer und auch die Kosten für den Benchmark sinken.

Viele Unternehmen haben bereits einige Anstrengungen unternommen, um die Effizienz der IT zu verbessern und ihre Kosten zu senken. Ein Beispiel ist die Vertragsdauer bei externen Dienstleistungen, die in den vergangenen Jahren geschrumpft ist, damit Unternehmen vom Preisverfall im Markt besser profitieren können. Dies heißt aber auch: Wurde ein Vertrag zwischen Kunde und Lieferant erst vor kurzer Zeit geschlossen, ist das Einsparpotenzial, das durch einen Benchmark ausgewiesen werden kann, in der Regel kleiner als bei einem länger laufenden Abkommen. Unternehmen sollten daher in Erwägung ziehen, frische Verträge aus einem Benchmark-Vergleich auszusparen und sie erst wieder im folgenden Analysezyklus auf den Prüfstand zu stellen.

ZUSÄTZLICHE KOMMUNIKATIONSEBENEN

In den vergangenen Jahren haben sich in Outsourcing-Verträgen Benchmark-Klauseln etabliert, wodurch dem Kunden nach einer gewissen Laufzeit ein Marktpreisvergleich eingeräumt wird. Auch als Reaktion darauf haben viele größere IT-Service-Provider sogenannte Benchmark-Offices eingerichtet. Diese unterstützen den Dienstleister in Benchmark-Projekten und treten häufig als zweite Speerspitze neben dem zuständigen Service-Manager auf. Ziel ist es, dem Benchmarker vor allem die Besonderheiten und die spezifische Komplexität der jeweiligen Vertragssituation im Kunden-Dienstleister-Verhältnis nahezubringen.

Im Zuge dessen kommt mitunter der Wunsch auf, dem Benchmarker bei der Auswahl der passenden Vergleichsgruppe „über die Schulter" zu schauen und aktiv bei der Auswahl mitzuarbeiten. Dies erfolgt in einem Workshop zur Auswahl der Peergroup. Dazu trifft der Benchmarker eine Vorauswahl an möglichen Mitgliedern der Vergleichsgruppe und bereitet die wichtigsten Parameter und Charakteristika jedes einzelnen Peers auf. Die eigentliche Selektion der Vergleichsunternehmen/Peergroup erfolgt dann gemeinsam vom Kunden und Dienstleister unter Führung des Benchmarkers. Die Vorbereitung und Aufbereitung seitens des Benchmarkers für einen solchen Zwischenschritt ist nicht unerheblich. Darüber hinaus ist die Notwendigkeit eines Workshops zur Peer-Auswahl in der Regel nicht gegeben, da dies üblicherweise zum Tagesgeschäft eines Benchmarkers gehört.

FAZIT

Natürlich ist ein Benchmark mit Aufwand verbunden – die Teams müssen sich näher kommen, Mitarbeiter des Kunden mit dem Prozess vertraut gemacht und Daten aus diversen Quellen erhoben und schließlich überprüft werden. Gerade in Unternehmen, die ihren ersten Benchmark-Vergleich absolvieren, bindet dies viele Ressourcen. Hinzu kommen die Rechnungen des Benchmark-Dienstleisters. Mit der Zeit sammeln jedoch interne Mitarbeiter Benchmark-Erfahrungen, die Lagerstätten der Daten sind bekannt, und der Scope eines Benchmarks reduziert sich von der globalen Perspektive auf spezifische Fragen. Durch die zunehmende interne Transparenz sinkt schließlich der Aufwand für ein derartiges Projekt. Zwar wird ein aussagekräftiger Vergleich nie „auf Knopfdruck" gelingen, aber leichter als beim ersten Mal fällt es allemal.

ERGEBNISSE

von Karsten Tampier

Unternehmen wollen mit einem Benchmark-Projekt in Erfahrung bringen, ob die IT eine gute Arbeit leistet. Durch den Vergleich mit anderen Organisationen lässt sich der eigene Standort bestimmen. Dies bezieht sich nicht nur auf die Kosten beziehungsweise den Preis der untersuchten IT-Services. Mit einem Benchmark können darüber hinaus Leistungsinhalte analysiert und verschiedene Betriebsmodelle verglichen werden.

Benchmark bedeutet Höhenmarke, Maßstab oder Fixpunkt. In der Sportwelt gilt das olympische Motto „schneller, höher, weiter". Es geht in erster Linie darum, eine bereits gesetzte Marke zu übertreffen. Die Geschäftswelt orientiert sich an diesem Motto, etwa bei finanziellen Kennzahlen wie Umsatz und Ergebnis. Und auch im Benchmarking geht es darum, sich mit anderen Organisationen zu vergleichen und seinen Platz zu finden. Sowohl Unternehmen als auch professionelle Sportler streben danach, ihre Leistungsfähigkeit zu verbessern und die Spitzenposition zu übernehmen.

Unternehmen, die eine Ausschreibung zu einem Benchmark anfertigen, fassen ihre Erwartungshaltung wie folgt zusammen: Beim IT-Benchmark sollen Aktivitäten, Leistungen und Services einer Standortbestimmung unterzogen werden. Diese bezieht sich auf mehrere Dimensionen:

- Wie gut sind die IT-Plattformen und die IT-Services im Vergleich zu IT-Services in anderen Unternehmen (z.B. im Hinblick

auf Leistung, Qualität und Komplexität, Marktvergleichbarkeit und -positionierung der Leistung)?
- Welche Auswirkung haben Komplexität (geschäfts- und technikgetrieben), Rahmenbedingungen und Prozesse auf die Effizienz der Leistung?
- Welcher Marktpreis entspricht der Leistung?

Die erwarteten Ergebnisse eines Benchmarks lassen sich in vier Gruppen einteilen: Serviceschnitt, IT-Architektur, Einflüsse durch Rahmenbedingungen und Marktpreis. Oft wird die Bedeutung des Marktpreises im Benchmark heruntergespielt und an nachgeordneter Stelle der Ziele genannt, aber letztlich ist der Vergleich der Kosten und Preise eine zentrale Aufgabe jedes Benchmark-Projekts.

Der Marktpreis spielt bei jedem Benchmark eine zentrale Rolle.

MARKTPREIS

Für die Auswahl des Vergleichspunktes in der Peergroup gibt es unterschiedliche Ansätze. Auf der einen Seite möchten Kunden den größtmöglichen Einblick in die Verteilung innerhalb der Vergleichsgruppe erhalten. Hier werden dann viele statistische Kennzahlen der Vergleichsgruppe angefordert. Minimum, Mittelwert und Maximum sind die Mindestforderung. Mit weiteren Kennzahlen wie erstes und drittes Quartil (Q1 bzw. Q3) und errechneten Werten zwischen Minimum und Q1 beziehungsweise Q1 und Mittelwert stehen am Ende zwischen drei bis sechs Kennzahlen für den Marktpreis zur Auswahl.

Benchmark-Ergebnisse werden von mehreren Parteien bewertet und umgesetzt. Je mehr Ergebnisse vorliegen, desto kontroverser kann die Diskussion ausfallen. Alle Vergleichswerte haben ihre Berechtigung, denn jeder Peer bietet schließlich die untersuchten IT-Services an. Ein Abnehmer von IT-Leistungen favorisiert eher die Vergleichspunkte links vom Mittelwert, denn hier findet sich ein gutes Preis-/Leistungsverhältnis. Für den Anbieter von IT-Leistungen wirken hingegen die Vergleichswerte rechts vom Mittelwert attraktiver, da hier höhere Preise in der Vergleichsgruppe gezahlt werden.

Daher sollte man sich vor der Veröffentlichung der Benchmark-Ergebnisse auf einen Vergleich einigen, den alle Parteien akzeptieren. Der Median bietet sich als ausgewogener Wert an, weil er die Hälfte einer Stichprobe markiert und nicht von Ausreißern beeinflusst ist. Damit verfügt der Median über eine Eigenschaft, die im Benchmark ausdrücklich gewünscht ist. Mit dieser Ausprägung kann die Bezugsgröße auch als Korrektiv verwendet werden, um einen fairen Vergleich herbeizuführen, der gleichermaßen die Anforderungen von Kunden und Dienstleistern erfüllt.

Wenn der Mittelwert größer als der Median ist, wird der Mittelwert überproportional von den hohen Werten in der Vergleichsgruppe geprägt. In diesem Fall wird das Maximum der Vergleichsgruppe gestrichen. In dieser angepassten Vergleichsgruppe wird der Mittelwert als verbindlicher Benchmark-Referenzwert neu bestimmt.

1. Median als Korrektiv zur Bestimmung der Referenzgröße

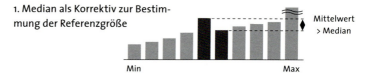

2. Der Mittelwert ist in dieser Vergleichsgruppe überproportional von den hohen Werten geprägt. Das Maximum der Vergleichsgruppe wird gestrichen.

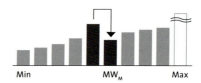

3. Der durch den Median bewertete Mittelwert (MW_M) verliert das Stigma des Durchschnitts.

Abbildung 1: Der Mittelwert lässt sich durch den Median an ein „realistischeres" Niveau anpassen.

Liegt hingegen der Mittelwert unter dem Median, wird analog zu der beschriebenen Vorgehensweise das Minimum der Vergleichsgruppe gestrichen.

Die Interpretation der quantitativen Ergebnisse in Form eines Bezugspunktes oder mehrerer Vergleichswerte erfolgt in den weiteren Analyseschritten.

SERVICESCHNITT

Für einen aussagekräftigen Vergleich einer Leistung ist es erforderlich, dass die Peers unter den gleichen Rahmenbedingungen gemessen werden. Wenn das quantitative Ergebnis vorliegt, ist es wichtig zu verstehen, wie marktkonform die Leistungen erbracht werden: Sind die Inhalte der IT-Services ohne Überschneidungen aufeinander abgestimmt? Liegt das Service-Level, das ein Unternehmen anbietet, weit unter den marktüblichen Anforderungen? Ist die Anzahl der unterschiedlichen Arbeitsplatztypen angemessen? Wie verhält sich die Erstlösungsquote im User-Helpdesk zur Vergleichsgruppe? Fragen dieser Art sind typisch in der Analyse des Serviceschnitts. Das Benchmark-Ergebnis zeigt an dieser Stelle die Position in der Vergleichsgruppe auf.

Ausprägung	Kunde	Vergleichsgruppe
Servicezeit	Mo – Fr 6.00 – 20.00 Uhr	Mo – Fr 8.00 – 18.00 Uhr + Option auf Randzeiten
Verfügbarkeit	98,5 %	99,5 %
Reaktionszeit (Prio 1)	30 Minuten	15 Minuten
Anzahl Hersteller	3	2
...	...	...

Tabelle 1: Für einen validen Vergleich müssen alle Aspekte eines IT-Services berücksichtigt werden.

Die Analyse des Serviceschnitts zeigt auf, wo Leistungen von einer typischen Ausprägung in der Vergleichsgruppe abweichen. Jetzt lassen sich auch Hintergründe für Preis-/Kostenstrukturen darstellen. In der Kommunikation mit Fachbereichen werden Entwicklungen sachlich untermauert. Durch die Transparenz in der Leistungserbringung können IT-Services auf unterschiedliche Zielgruppen angepasst werden. IT-Services erhalten einen Maßanzug. Für ein umfängliches Benchmark-Ergebnis werden abschließend die Auswirkungen der Unterschiede im Serviceschnitt untersucht.

IT-ARCHITEKTUR

Die im Benchmark analysierte IT-Landschaft kann mit den erfassten Daten auch unter dem Aspekt der Zukunftssicherheit betrachtet werden. Alle IT-Services werden nach verschiedenen Gesichtspunkten wie Marktkonformität, Zuverlässigkeit, Performance, Skill-Verfügbarkeit, Cloud-Fähigkeit, Skalierbarkeit oder Betriebsaufwand gegen die Vergleichsgruppe und weitere Best Practices in der IT bewertet.

Ein Benchmark-Vergleich kann anhand von über 100 Kriterien darstellen, wo die IT-Organisation mit dem Marktniveau übereinstimmt und an welchen Stellen Handlungsbedarf besteht. Die folgende Tabelle zeigt exemplarisch auf, an welchen Stellen häufig Abweichungen zur aktuellen Ausprägung identifiziert werden und wie hoch das daraus resultierende Risiko eingeschätzt wird.

Zusammen mit den Benchmark-Ergebnissen zum Marktpreis und den Serviceschnitten zeigt ein Vergleich der IT-Landschaft die Stärken und Schwächen der jeweiligen Organisation auf. Ziel dieser IT-fokussierten Analyse ist es, den Handlungsbedarf zu erkennen und gemäß der eigenen Strategie zu priorisieren.

3.6 Benchmarking-Grundlagen – Ergebnisse

Bereich	Thema	Compliance (Beispiel)	Risiko durch Nicht-Compliance
Infrastruktur	Mindestanforderungen an Service-Level für die implementierten Prozesse • Incident, Problem, und Change Management • Konfigurations-Management • Kapazitäts-Management	Nein	Hoch
Infrastruktur	Jährlicher K-Fall-Test	Nein	Hoch
Infrastruktur	Planung (Technology Roadmap) für die Entwicklung von Infrastukturkomponenten mit den Kategorien • Investition • Wartung • Rückbau	Nein	Hoch
Infrastruktur	Server- und SAN-Lebenszyklus von 60 Monaten	Nein	Gering, aber ansteigend mit dem Alter der Hardware
...			
Netzwerk und Telefonie	Sicherheitsrichtlinien und regelmäßige Überprüfungen	Nein	Hoch
Netzwerk und Telefonie	Zwei-Hersteller-Strategie für Firewalls	Nein	Mittel
...			
Arbeitsplatz	Zentrales Management von Images und Updates mit limitierten lokalen Administrationsrechten	Nein	Hoch
Arbeitsplatz	Backup-Strategie	Nein	Hoch
Arbeitsplatz	Wartungsvereinbarungen	Nein	Mittel
Arbeitsplatz	Regelmäßige Analysen der Kundenzufriedenheit	Nein	Mittel
...			

Tabelle 2: Architektonische Beurteilung der IT-Landschaft

EINFLÜSSE DURCH RAHMENBEDINGUNGEN

Alle Ergebnisse und Empfehlungen aus dem Benchmark müssen unter Berücksichtigung der individuellen Umgebung geprüft werden. Dies umfasst die unumgänglichen regulatorischen Vorgaben ebenso wie die Anforderungen aus den Fachbereichen und die vorhandenen Legacy-Strukturen, die es zu berücksichtigen gilt.

Die Auswirkungen einer um einen Prozentpunkt höheren Verfügbarkeit können sehr unterschiedlich ausfallen. Eine Ausweitung von 95 auf 96 % führt bei einem Service-Provider in der Regel nicht zu Änderungen in der Ablauforganisation oder der Infrastruktur. Im Gegensatz dazu erfordert ein Anheben der Verfügbarkeit von 98,5 auf 99,5 % den Aufbau einer Hochverfügbarkeitsumgebung und eine redundante Auslegung der Infrastrukturkomponenten. Auf der Applikationsebene verursacht jede Lösung, die über einen bestehenden Standard hinaus eingeführt wird, einen Mehraufwand. Der Nutzen für den Geschäftsbereich kann individuelle Lösungen rechtfertigen – der Benchmark liefert durch eine Darstellung der Auswirkungen eine neutrale Entscheidungsgrundlage.

Veränderungen in den Anforderungen wirken sich auf die Kostenstruktur sehr unterschiedlich aus – je nachdem, wie hoch der Ausgangswert ist.

Offshore-Regionen werden bei Tagessatz-fokussierten Leistungen noch lange Zeit einen Vorteil gegenüber Westeuropa haben. Die Kosten einer Leistung werden aber nicht nur von den direkten Gehaltskosten bestimmt. Governance-Kosten und Abstimmung zwischen Auftraggeber und Auftragnehmer fließen in die Gesamtbetrachtung ein. Die Ergebnisse eines objektiven Benchmarks zeigen auf, welche aktuellen Kosten mit den einzelnen Leistungsbestandteilen verbunden sind und mit welchen Auswirkungen bei Veränderungen zu rechnen ist.

BENCHMARK UND ETHIK

von Gerold Hauer

Der Begriff der Ethik streift in regelmäßigen Phasen durch die Management-Welt. Betrachtet man die Realität, mag die Management-Ethik als moderne Chimäre gelten – hier wächst zusammen, was nicht zusammen gehört. Verfechter der Management-Ethik gelten schnell als Geschäftemacher, deren Business-Modell in der raschen Ausbeutung wirtschaftlicher Trends liegt. Im Benchmarking-Bereich spielt ethisches Verhalten jedoch eine zentrale Rolle, auch wenn die Überprüfung moralischer Grundsätze in den wenigsten Projekten anhand konkreter Kennzahlen erfolgt. Vertrauen ist der Anfang von allem.

ETHIK UND VERTRAUEN

Ethik – abgeleitet aus dem griechischen Wort ETHOS (Brauch, Sitte) – befasst sich mit kulturell gewachsenen Grundauffassungen über die Richtigkeit unserer Handlungen, die als Leitprinzip von den Mitgliedern einer sozialen Gruppe anerkannt werden. Derartige Grundsätze sind etablierte Moralprinzipien, wie sie etwa in den zehn Geboten niedergeschrieben sind. Typischerweise beruhen auch die fundamentalen Rechtsgrundsätze in Gesellschaften auf allseits akzeptierten ethischen Grundlagen. Dabei ist zu beachten, dass das Werteportfolio stark von der gesellschaftlichen Gruppierung abhängt – man spricht von klassenspezifischen Wertemustern. Die Sanktionierung von Verstößen gegen die ethischen Prinzipien wird allgemein ohne große Diskussion akzeptiert.

Die Verankerung der Werte in jedem Einzelnen durch Erziehung hat auch zur Konsequenz, dass bestimmte, allgemein als unethisch empfundene Handlungen in erster Linie wegen ihres Inhalts unterlassen werden und nicht wegen der daraus resultierenden Konsequenzen oder Sanktionen. Umgekehrt erfordert der Bruch der ethischen Grundsätze zunächst die Überwindung einer inneren moralischen Schranke der handelnden Person. Natürlich fällt aber – je nach Höhe des Anreizes – ein Verstoß gegen die Grundsätze umso leichter, je kleiner die Gefahr ist, dass dieser öffentlich wird. Dazu passt ein Zitat des französischen Soziologen Emile Durkheim: „Wir haben gesehen, dass die Autorität der Regel gar nicht in ihrer Strafe liegt, dass diese aber verhindert, dass die Regel ihre Autorität verliert, die die täglich begangenen Verstöße ihr nach und nach entziehen würden, wenn sie unbestraft blieben."

Wie in jeder sozialen Beziehung, ist ethisches Verhalten kein einseitiges Prinzip. Jedes Mitglied der sozialen Gruppe ist einerseits dem Werteempfinden der anderen Mitglieder ausgesetzt, trägt aber durch seine eigenen Handlungen wieder zum Bewusstsein der Wertegrundsätze der Gruppe als Ganzes bei. Dabei ist zu beobachten, dass diese Grundsätze durch Vorbildwirkung von Mitgliedern mit hohem Status besonders geprägt werden. Die Werte unterliegen einem ständigen Bewährungsprozess, der vor allem durch Vorbildwirkung beeinflusst wird: Sei es, dass die Öffentlichkeit mit Vorfällen wie Wirtschaftskriminalität, Korruption und Unvereinbarkeit von Funktionen konfrontiert wird oder dass progressive Künstler oder angesehene Intellektuelle die aktuellen Werte herausfordern oder hinterfragen. Was vielleicht anfangs noch hohe Wellen schlägt und die Öffentlichkeit empört, kann nach mehreren Wiederholungen allmählich in geübte Praxis übergehen und schließlich Akzeptanz finden.

Vorbilder haben größte Auswirkung auf die Veränderung ethischer Grundsätze.

Exemplarisch angeführt sei der Skandal um eine Fernsehsendung in den 80er-Jahren, in der allein die Nennung des Götz-Zitats für tagelange erbitterte Auseinandersetzungen in der Öffentlichkeit sorgte. Eine solche Empörung wäre jetzt, 30 Jahre später, völlig undenkbar – das ethische Empfinden der Gesellschaft hat sich in

3.7 Benchmarking-Grundlagen – Benchmark und Ethik

dieser Hinsicht geändert. Obwohl allgemein von „Werteverfall" gesprochen wird, ist dies keine zulässige Aussage im Sinne allgemein reduzierter ethischer Ansprüche. Den gesenkten ethischen Schranken etwa hinsichtlich Sprache oder Freizügigkeit in den Medien steht ein stark gestiegener Werteanspruch beispielsweise gegen häusliche Gewalt, der Diskriminierung von Randgruppen oder der Verschmutzung der Umwelt gegenüber. „Die Werte" sind nicht erodiert, nur die Prioritäten haben sich verschoben.

Mit dem Thema Ethik eng verbunden ist das Vertrauen. In Bezug auf das Handeln von Organisationen oder Leitfiguren definiert sich Vertrauen über die positive Erwartung an die Einhaltung bekannter, gemeinsamer Wertevorstellungen. Das Vertrauen wird durch Erfüllung ebendieser Erwartungen aufgebaut. Anders als im persönlichen Umfeld, wo Erfahrung durch direkte Interaktion gewonnen werden kann, spielt im wirtschaftlichen Umfeld die Reputation eines Unternehmens oder einer Marke eine große Rolle. Als Kunde ist man darauf angewiesen, den behaupteten Eigenschaften einer Ware zu vertrauen und sich auf das Urteil anderer zu verlassen, vielfach umgesetzt in der Werbebotschaft: „... Millionen Kunden vertrauen darauf."

Benchmarker tragen zur Meinungsbildung über ein Unternehmen oder eine Leistung bei. Ihre Unabhängigkeit muss zu jeder Zeit außer Zweifel stehen.

Bei der Meinungsbildung spielt neben PR und Werbung, denen naturgemäß und selten zu Unrecht einseitige Darstellung unterstellt wird, das Urteil anerkannter Institutionen, unabhängiger Medien sowie Experten eine entscheidende Rolle. Wird deren Reputation oder Akzeptanz erschüttert, weil etwa verdeckte Finanzierung aufbekannt wird, ist der Schaden für alle Beteiligten enorm. Benchmarker üben im Sozialgefüge „Wirtschaft" genau eine dieser Rollen aus – ihnen wird aufgrund ihrer Expertise und ihres Rufs vertraut. Vertrauen bildet quasi ihr Kapital als Marke. Eine Beschädigung dessen stellt ihre Reputation und damit direkt ihre wirtschaftliche Existenz aufs Spiel.

Hierzu erklärte das Institut für Soziologie der Universität Erlangen hinsichtlich der jüngsten Diskussion um eine Plagiatsaffäre: „Man mag sich bewusst machen, dass soziale Organisationen wie auch ganze Gesellschaften für ein erfolgreiches Arbeiten und ein friedliches Zusammenleben das Kapital ‚Vertrauen' benötigen – dies schließt Beliebigkeit in der Setzung von Werten und in der Anwendung von Normen aus." Ein solches Verhalten beeinträchtige den sozialen Zusammenhalt einer Gesellschaft und ihre moralischen Grundlagen ebenso wie die Stellung und die Funktion der Wissenschaft in der Gesellschaft.

Man kann also eine zentrale Abhängigkeit zwischen Ethik im Sinne der Einhaltung von gemeinsam anerkannten Werten und dem Vertrauen der Allgemeinheit in schlüssig handelnde Personen oder Organisationen feststellen. Für den Benchmarker ist die Bestätigung des ihm entgegengebrachten Vertrauens ein zentraler Inhalt seines Geschäfts.

ETHIK UND WIRTSCHAFT

Der scheinbare Konflikt zwischen den Grundsätzen der Ethik und den Zielen des Wirtschaftsbetriebs ergibt sich aus dem allgemein anerkannten Ziel des Gewinnstrebens von Unternehmen auf der einen und dem Wertekanon der Gesellschaft auf der anderen Seite. Dass dabei in besonders sensiblen Segmenten – wie etwa der Pharma- und Gentechnik oder der Nuklearforschung – durchaus Konflikte zwischen den persönlichen ethischen Schranken und der Loyalität zum Unternehmen entstehen können, manifestiert sich in jenen Fällen, in denen führende Mitarbeiter solcher Unternehmen bereit waren, lieber ihre persönliche Karriere und Existenz zu riskieren als gegen ihre eigene Überzeugung zu handeln – etwa was die Manipulation oder Zurückhaltung von Forschungsergebnissen betraf. Es liegt letzten Endes an den handelnden Personen, ob sie die Ziele der Gewinnmaximierung und des wirtschaftlichen Erfolgs oder ihre ethischen Grundsätze höher priorisieren.

Sind ethisches und wirtschaftliches Handeln unvereinbar?

Im selben Maß, wie Vertrauen und Akzeptanz durch unethisches Verhalten unterminiert wird, kann es geschaffen werden, indem

3.7 Benchmarking-Grundlagen – Benchmark und Ethik

> **Unsicherheit und Transaktionskosten**
>
> *An der Wechselwirkung zwischen Grundsätzen und schlüssigen Handlungen setzt beispielsweise der unabhängige Bundesverband Deutscher Volks- und Betriebswirte e.V. in seinen Thesen zur Ethik der Wirtschaft an: „Jeder ist mit seinem Handeln Vorbild für andere. In ethischen Fragen kann niemandem die Verantwortung für seine Entscheidungen abgenommen werden. Jeder muss ethisches Vorbild für andere sein. Vorbilder, die versagen, beschädigen die Moral. Im ökonomischen Zusammenhang steigen damit auch die Kosten. Denn mangelndes Vertrauen führt zu höherer Unsicherheit und damit zu höheren Transaktionskosten. Vorhandenes Vertrauen senkt Unsicherheit und Absicherungskosten und beschleunigt Entscheidungen. Persönliche Integrität ist das Rückgrat für einen verlässlichen Wertekompass. Es gibt kein geschlossenes Bild ethischer Maßstäbe für jede Handlung und jede Situation. Die persönliche Integrität bildet deshalb das Rückgrat für das Handeln des Menschen. Wer integer ist, dem wird vertraut.*

<small>Unternehmen machen bei der Durchsetzung ethischer Grundsätze ernst.</small>

ethisches Verhalten explizit dargestellt und betont wird. Viele Unternehmen haben die Ethik folglich als „sellable value" entdeckt. Fast jedes Unternehmen kann heute einen „Code of Conduct" oder ein Firmenleitbild vorweisen. Ethische Grundsätze im Umgang mit den Mitarbeitern, im Umgang mit Ressourcen und in der Auswahl der Zulieferer und deren Produktionsmethoden sind Teil der Außendarstellung vieler Unternehmen. Dabei erstrecken sich diese ethischen Grundsätze von eigentlich selbstverständlichen Themen wie der Einhaltung von Gesetzen, dem Verzicht auf Bestechung und der Diskriminierung der Mitarbeiter über die Selbstverpflichtung zur fristgerechten Zahlung von Rechnungen bis hin zur Verpflichtung, im Umgang mit Ressourcen nachhaltig zu verfahren.

Diese Erklärungen sollen das Vertrauen sowohl der Kunden als auch der Geschäftspartner und Investoren fördern. Die Dokumentation der guten Absichten alleine würde allerdings nur wenige überzeugen. Positiv hervorzuheben ist hier der Fall eines großen deutschen Unternehmens, das jüngst leitende Mitarbeiter entlassen hat, weil ein durch sie vermittelter Auftrag gegen die Compliance-Richtlinien verstoßen hat. Die Glaubwürdigkeit dieser Grundsätze steigt mit der Konsistenz zwischen Grundsätzen und den beobachteten Handlungen und der Akzeptanz eingesetzter Kontrollmechanismen.

Als Kontrollinstanz sind neben der Zertifizierung durch „Gütesiegel" auch eine regelmäßige Auditierung durch Interessenverbände, Institute und unabhängige Organisationen (z. B. NGOs) üblich. Beispielhaft zu nennen sei hier die Möglichkeit der Ethik-Zertifizierung, die der TÜV Nord anbietet.

Im Extremfall basiert die Geschäftsidee maßgeblich auf ethischem Verhalten, beispielsweise bei „Fair Trade"-Produkten oder ethischen Geldanlagen. Diese Unternehmen stellen ihr ethisches Verhalten als Grundlage ihrer Geschäftstätigkeit in den Vordergrund und erfreuen sich hoher Zuwachsraten dank gesteigertem Bewusstsein bei den Konsumenten. Denn im Grunde wird man sich – als Mitglied der Wertegemeinschaft – den Argumenten schwerlich entziehen können beispielsweise nur „sauberen" Kaffee von nicht ausgebeuteten Bauern zu trinken oder mit seinen Ersparnissen nicht ausgerechnet die Rüstungsproduktion zu unterstützen.

Als Beispiel seien hier die Grundsätze der Ethikbank genannt. Sie definiert sich nicht nur über die folgenden ethischen Grundsätze hinsichtlich Geldanlage, sondern verspricht ihren Kunden auch die völlige Transparenz über alle Anleihen und Beteiligungen der Bank selbst unter dem Stichwort „gläserne Bank". Die Anleger bei der Ethikbank haben damit die Sicherheit, dass sie keine Unternehmen finanzieren, die „Militärwaffen herstellen oder vertreiben; Atomkraftwerke besitzen oder betreiben; Pflanzen oder Saatgut gentechnisch verändern; ozonzerstörende Chemikalien herstellen oder vertreiben; Kinderarbeit zulassen; Tierversuche bei Kosmetika durchführen".

Zusammenfassend ist der Schluss zulässig, dass ethisches Verhalten und wirtschaftlicher Erfolg nicht zwingend Gegensätze darstellen. Unternehmen, die ihre Geschäftsidee nach ethischen Grundsätzen ausgerichtet haben und damit ein spezielles Segment ansprechen, sind bisweilen sehr erfolgreich.

ETHIK UND BENCHMARKING

Unternehmensberater arbeiten zweifellos in einem der sensibelsten Bereiche des Wirtschaftslebens. Die Branche lebt vom Vertrauensvorschuss, den die Kunden den Experten entgegenbringen. Dies betrifft sowohl ihre fachliche Kompetenz als auch ihre ethische Eignung. Ein Kunde muss zwingend davon ausgehen können, dass die Berater seine Interna vertraulich behandeln und ihn nach bestem Wissen und Gewissen beraten.

Dementsprechend sind auch die Berufsgrundsätze des Bundesverbandes deutscher Unternehmensberater verfasst. Hier stehen Kompetenz, Verschwiegenheit und jegliche Vermeidung von Interessenskollision im Vordergrund. Die Einhaltung der Grundsätze wird durch einen Ehrenrat überwacht, dem sich die Mitglieder unterwerfen (Berufsgrundsätze des Bundesverbandes Deutscher Unternehmensberater BDU e. V. 02/2010).

Aus den bisherigen Ausführungen lässt sich der Bogen zum Benchmarking schlagen. Benchmarking kann als eine spezielle Ausprägung der Unternehmensberatung definiert werden, die extrem auf dem Vertrauen und der Akzeptanz der Kunden an den Benchmarker beruht. Schließlich werden beim Benchmarking Informationen, Vertragsinhalte und Daten an den Benchmarker übergeben, die sonst niemals das Unternehmen verlassen würden, oft sogar Geheimhaltungsabkommen unterliegen. Dies bedingt das unbedingte Vertrauen in die Integrität des Benchmarkers, dem die Daten anvertraut werden.

> Beratung kann nur auf Vertrauensbasis erfolgen; der Berater muss sich dem ihm entgegengebrachten Vertrauen jederzeit durch seine Integrität als würdig erweisen.

3.7 Benchmarking-Grundlagen – Benchmark und Ethik

Über den Umfang einer klassischen Unternehmensberatung hinaus ist der Benchmarker, wenn der Auftrag für das Projekt von den beiden Partnern eines Outsourcing-Vertrags kommt, oft in einer Rolle als Schiedsrichter oder Schlichter tätig. Er muss daher von beiden Parteien akzeptiert werden und beide gleich fair behandeln. Aber auch in Benchmark-Projekten, die interne Leistungsbeziehungen eines Unternehmens betreffen, muss der Benchmarker den gegensätzlichen Zielen der beteiligten Einheiten oder Abteilungen Rechnung tragen. Interne Leistungsbeziehungen entsprechen häufig dem klassischen Rollenmuster zwischen Verkäufer und Käufer, wonach der Verkäufer stets das Gefühl hat, zu viel von seiner Ware oder Dienstleistung abzugeben, während der Käufer das Gefühl hat, zu wenig zu erhalten. Um es in dieser komplexen Situation gleich zwei Parteien „recht" zu machen, bedarf es klarer Regeln, die man als „Ethik des Benchmarkers" zusammenfassen kann.

Der Benchmarker fungiert auch als Schiedsrichter.

Das Prinzip „Wes Brot ich ess, des Lied ich sing" darf für den Benchmarker nicht gelten, da er sonst das Vertrauen zumindest einer Seite verliert und langfristig seine Ergebnisse auf dem Markt nicht mehr akzeptiert werden. Jedes Benchmark-Projekt muss unter der Prämisse der offenen Ergebnisse und der sorgfältigen Würdigung aller Einflüsse durchgeführt werden. Es ist eine zentrale Aufgabe des Benchmarkers, alle Leistungsparameter zu erfassen, diese in die Ergebnisberechnungen einzubeziehen und schließlich die konkreten Leistungsbestandteile und Kosten in Übereinstimmung zu bringen.

Selbstverständlich werden Benchmarks in erster Linie dann beauftragt, wenn der begründete Verdacht besteht, dass überhöhte Preise oder mangelnde Effizienz herrschen. Oft orientieren sich die Erwartungen an die Resultate aber an Zahlen aus einem anderen Zusammenhang – z. B. aus den Medien – wodurch oft überzogene Erwartungen an das Einsparungspotenzial entstehen. Der Benchmarker muss dem mit einem ergebnisoffenen Ansatz begegnen und darf dahingehend vorab keine Zusagen machen. Des Weiteren sollte nicht außer Acht gelassen werden, dass sich die Ergebnisse oft signifikant auf Umsatz, Kosten und Arbeitsplätze der IT-Abtei-

Jeder gewissenhafte Benchmark muss auf dem Prinzip der umfassenden Transparenz beruhen.

lung oder der Lieferanten auswirken können und dementsprechend von den Betroffenen sehr kritisch hinterfragt werden. Auch hier ist die Akzeptanz der Ergebnisse unmittelbar von der Transparenz des Verfahrens, dem Vertrauen auf die Richtigkeit der Methode und der Sorgfalt der Berechnung abhängig.

Viele Benchmarker haben ihre Geschäftsprinzipien in Form eines Firmenleitbildes dokumentiert. Wegen der besonders ausführlichen Formulierung herauszuheben wäre in diesem Zusammenhang der „Benchmarking Code of Conduct" des APQC (American Productivity and Quality Center).

PRINZIPIEN

Umgang mit Informationen

- Streng vertrauliche Behandlung aller Informationen
  Der Schutz von übergebenen Daten und Dokumenten genießt unbedingten Vorrang bei allen Aktivitäten. Die Anonymität der Informationen auch in der internen Weiterverarbeitung muss jederzeit gewährleistet sein.

- Verhinderung der Weitergabe von Informationen, die Rückschlüsse auf untersuchte Unternehmen zulassen
  Insbesondere, wenn seitens der Kunden nähere Informationen zur Peergroup gewünscht werden, ist darauf größte Sorgfalt zu verwenden.

- Verhinderung der Weitergabe von Kennzahlen oder Preisen, die Rückschlüsse auf die Kostenkalkulation zulassen
  Diese Thematik ist in manchen Unternehmen auch bei internen Vergleichen von Interesse. Der Punkt muss im Voraus mit der Projektleitung des Kunden abgestimmt werden.

- Verhinderung der Weitergabe von persönlichen Daten von Mitarbeitern des untersuchten Unternehmens, insbesondere,

wenn Rückschlüsse auf deren Gehälter möglich sind
Sofern solche Daten überhaupt an den Benchmarker übergeben werden, sind sie im Einzelnen kaum von Belang für den Benchmark. Angesichts der Sensibilität des Themas wird im eigenen Interesse empfohlen, die Daten umgehend zu anonymisieren und die Originale zu vernichten.

- Beschränkung auf abgestimmte, anonymisierte Informationen, sofern eine Weitergabe an die Öffentlichkeit vereinbart wurde
  Gerade internen Kosten-Benchmarks steht die Belegschaft oft kritisch gegenüber, die kundenseitige Kommunikation erfordert hier besondere Sensibilität. Der Benchmarker muss darauf achten, die Informationspolitik nicht durch unabgestimmte Veröffentlichungen (etwa durch Presseerklärungen) zu stören.

Transparenz des Benchmark-Prozesses

- Abstimmung über Inhalt des Benchmarks (Services, Zeitraum, regionale Abgrenzung) und Erwartungen an die Ergebnisse (welche KPIs, Kriterien der Vergleichsunternehmen etc.) mit der Projektleitung und den Sponsoren.
- Kritische Selbstbeurteilung durch den Benchmarker, ob die Erwartungen an das Projekt erfüllt werden können.
- Erklärung des Benchmark-Prozesses und transparente Darstellung der Methode. Die Akzeptanz der Teilnehmer hinsichtlich der Benchmark-Ergebnisse steigt erfahrungsgemäß mit dem Verständnis der eingesetzten Methode stark an.
- Ausschließliche Verwendung beiderseitig abgestimmter Informationen in zweiseitigen Benchmarks (z. B. Benchmark eines Outsourcing-Vertrags, Auftrag durch beide Vertragsparteien). *Informationen, die von einer der beiden Parteien nicht bestätigt werden, dürfen für die Ergebnisbestimmung nicht verwendet werden.*
- Vorbereitung eines Fragebogens oder Interview-Leitfadens durch den Benchmarker, damit die Teilnehmer die Möglichkeit haben, sich darauf vorzubereiten.

- Gestaltung des Benchmark-Prozesses und der Methode nach transparenten und fairen Prinzipien.
  Die Teilnehmer sollen sich über den Einfluss und die Würdigung einzelner Leistungsparameter im Klaren sein und ihre Basisdaten jederzeit einsehen können (Review, Evaluierung etc.).
- Plausibilisierung der Ergebnisse vor der endgültigen Präsentation. Die Ergebnisse sollten sowohl innerhalb der Peergroup als auch gegen ähnliche Benchmarks überprüft werden.
- Planung ausreichender Zeit für die Qualitätssicherung.

Kommunikation

- Festlegung von Kommunikationsregeln
  Nur die gemeinsam definierten Kommunikationswege und Ansprechpartner bzw. autorisierte Kontakte ansprechen. In besonders sensiblen Projekten ist gegebenenfalls der Empfängerkreis namentlich festzulegen und eine schriftliche Bestätigung der Empfänger über die Beschränkung der Weitergabe einzuholen.
- Schaffung einer transparenten Datenbasis
  Empfohlen wird eine gesicherte Datenplattform mit definierten Zugriffsrechten oder der Austausch von Datenträgern.
- Verhinderung der Erlangung von Verhandlungsvorteilen durch eine der beiden Parteien
  Oft finden parallel zu Benchmark-Projekten auch Vertragsverhandlungen zwischen den Benchmark-Partnern statt. Es ist darauf zu achten, dass keine der Parteien einen Verhandlungsvorteil durch den Benchmarker erzielt, etwa durch einen Informationsvorsprung, Vorab-Informationen oder Ähnliches.
- Gestaltung der Kommunikation mit den Benchmark-Partnern in transparenter Weise, beispielsweise durch Festlegung eines E-Mail-Verteilers oder eines eigenen Mail-Kontos

- Besondere Sorgfalt hinsichtlich Einhaltung der vereinbarten Meilensteine sowie pünktliche und vollständige Lieferung. Im Falle von Verzögerungen oder Änderungen sollten diese frühzeitig kommuniziert werden

Vertrieb

- Vermeiden aller Äußerungen, die Zweifel an der Objektivität entstehen lassen
- Vermeidung von Äußerungen, die als Vorwegnahme von Ergebnissen verstanden werden könnten. Benchmarks sind immer ergebnisoffen durchzuführen, es dürfen seitens des Kunden beispielsweise keine Einsparungsziele antizipiert werden
- Verzicht auf Projekte mit offensichtlich zu kurzer Projektlaufzeit oder ungenügendem Budget
- Strikte Wahrung der Objektivität
  Benchmarks und Folgeprojekte, etwa zur Umsetzung von Kostensenkungszielen, sollten nicht gekoppelt werden.
- Vermeidung von Aktivitäten, die den Eindruck einer Preisabsprache oder Wettbewerbseinschränkung entstehen lassen
- Vermeidung von Äußerungen, die Ergebnisse oder Methoden von Wettbewerbern herabsetzen

MARKTPREIS-BENCHMARKS IM SOURCING ECO-SYSTEM

4

MARKTPREIS-BENCHMARKS IM SOURCING ECO-SYSTEM

von Karsten Tampier, Gerold Hauer und Timo Kopp

Der Outsourcing-Anteil in den IT-Budgets nimmt kontinuierlich zu und die Auslagerung wird inzwischen oft als Option bei der IT-Beschaffung berücksichtigt. Damit ist auch die Bedeutung von Marktpreis-Benchmarks als Mittel der strategischen Ausrichtung gestiegen. Im Gegensatz zum klassischen Kosten-Benchmark lassen sich im Marktpreis-Modus Aufwendungen und Leistungen extern erbrachter IT-Dienstleistungen vereinheitlichen und vergleichen, steuern und optimieren. Zudem werden Benchmarks genutzt, um neue Outsourcing-Vorhaben bereits im Vorfeld zu begleiten und die Verhandlungsposition zu stärken. Die Erfahrung des Benchmarkers und aktuelle Vergleichsdaten helfen bei der Auswertung der Angebote, der Überprüfung der Service-Level, der Analyse der Provider-Landschaft und einem Audit der Verantwortungsmatrix. Der Marktpreis-Benchmark kann frühzeitig Klarheit über die Rahmenbedingungen und Abhängigkeiten in ausgelagerten IT-Services herstellen, sodass Kunde und Dienstleister keine Überraschung fürchten müssen.

„Auf Anforderung einer Partei werden die Parteien ein gemeinsames Benchmarking durchführen." Diese Benchmark-Klausel befindet sich heute in praktisch allen IT-Serviceverträgen und leitet früher oder später einen Marktpreis-Benchmark ein. Der Begriff

4. Marktpreis-Benchmarks im Sourcing Eco-System

Benchmark stammt aus dem Englischen und wird häufig als Synonym für Wirtschaftlichkeitsanalyse verwendet. Im Kern steht immer die Frage: „Wie gut ist meine Organisation im Vergleich zu anderen Unternehmen aufgestellt und in welchen Bereichen kann ich mich verbessern?"

Auch in der Informationstechnologie (IT) werden Benchmarks genutzt, um die Angemessenheit der Preise beziehungsweise Leistungen zu bestimmen und Transparenz sowie letztlich Vergleichbarkeit herzustellen. Heute gibt es kein IT-Segment mehr, das nicht unter Benchmark-Gesichtspunkten analysiert und optimiert wird.

Das Augenmerk des Marktpreis-Benchmarks richtet sich auf den Vergleich von Leistungen, die von einem Service-Provider bezogen werden. Dabei handelt es sich in erster Linie um externe Dienstleister. Aber auch das Umfeld eines internen Dienstleisters, etwa eine rechtlich selbstständig geführte IT-Organisation in einem Konzern oder ein IT-Profit-Center, wird durch den Marktpreis-Benchmark klar aufgezeigt und berücksichtigt.

Der Preis, den ein Service-Provider für eine IT-Dienstleistung veranschlagt, setzt sich, vereinfacht dargestellt, aus Herstell- und Governance-Kosten zusammen. Die Governance-Kosten decken den Aufwand des Service-Providers für Account- und Service-Management sowie Order-Management einschließlich eventueller Risiko- und Gewinnzuschläge ab. Bei gleichen Herstellkosten liegt das Paket eines Providers demnach stets über dem Angebot einer internen IT. In dieser Betrachtung liegt aber die Gefahr einer verzerrten Schlussfolgerung. Typischerweise kann ein Service-Provider Skaleneffekte bei den Produktionskosten erzielen. Darüber hinaus kann der Dienstleister bei einem gegebenen Kostenniveau oft eine höhere Dienstgüte anbieten. Für eine Servicezeit rund um die Uhr können Dienstleister beispielsweise auf ihre ohnehin bestehenden Strukturen zurückgreifen.

Wenn die Ist-Situation beibehalten werden soll, kann der Service-Provider durch Produktivitätsvorteile (mehr PC-Arbeitsplätze, die

> In der sogenannten Benchmark-Klausel des Outsourcing-Vertrags werden die Rahmenbedingungen zur Überprüfung des Abkommens festgelegt. Hierzu zählen eine Vereinbarung über Frequenz und Inhalte der Benchmarks, ein beidseitiges Vorschlagsrecht von Benchmark-Partnern, die Verpflichtung der gemeinsamen Mitwirkung und eine Aussage zur Kostenteilung des Benchmark-Aufwands zwischen Kunde und Dienstleister. Darüber hinaus wird festgelegt, wie die Benchmark-Ergebnisse umzusetzen sind. Weitere Informationen zur Benchmark-Klausel finden sich in Kapitel 7: „Rechtliche Aspekte".

4. Marktpreis-Benchmarks im Sourcing Eco-System

Externe Dienstleister sind oft nur auf den ersten Blick teurer; Vorteile aus höherer Produktivität und Qualitätsaspekte müssen berücksichtigt werden.

von den Support-Mitarbeitern betreut werden; mehr Anfragen, die beantwortet werden; mehr Änderungen, die bearbeitet werden etc.) die Gesamtkosten optimieren – also die Stückkosten senken und Skaleneffekte an den Kunden weiterreichen. In diesem Fall rechnet sich der Deal für beide Seiten. Jedoch streben Kunden bei der Zusammenarbeit mit Service-Providern zumeist auch nach technischer Innovation, höherer Ausfallsicherheit und besserem Risiko-Management.

Aus den Charakteristika der Beziehung zwischen Kunde und Dienstleister ergibt sich, dass Daten, die unter Kostengesichtspunkten erfasst worden sind, nicht mit Preisdaten verglichen werden können. Einzelne Leistungen lassen sich zwar auch in den Verträgen identifizieren, aber in der Regel sind diese individuell auf die jeweilige Kunden-/Providersituation zugeschnitten. Mit dem Argument, dass nur eine auf den jeweiligen Kunden abgestimmte Leistungsbündelung alle spezifischen Anforderungen erfüllt, begründen Service-Provider ihre Leistungskataloge. Analog zu den Prozessen, deren gemeinsames Verständnis im De-facto-Standard der IT Infrastructure Library (ITIL) beschrieben wird, sollten Unternehmen für IT-Leistungen auf eine Service Library zurückgreifen. Sie bildet das Fundament für stichhaltige Bewertungen, Analysen und Benchmarks von Outsourcing-Verträgen.

Der Benchmark wird überwiegend durch den Kunden initiiert: Er traf die strategische Entscheidung für die Zusammenarbeit mit einem externen Dienstleister, nahm den Prozess des Request for Proposal (RFP) auf, führte Gespräche mit potenziellen Partnern und erteilte schließlich den Auftrag zur externen Leistungserbringung. Viele Management-Ansätze empfehlen die Überprüfung von Entscheidungen und raten zu Korrekturen, wenn die angestrebten Ziele nicht erreicht werden. Zudem ist IT-Outsourcing von einem starken Preisverfall gekennzeichnet, sodass ein einstmals günstiges Angebot nach Jahren weit über dem Marktniveau rangieren kann. Also gilt es, Outsourcing-Entscheidungen regelmäßig auf den Prüfstand zu stellen. Benchmarking ist ein vorhersehbarer Wunsch während der Vertragslaufzeit und sollte daher von Beginn

> **Outsourcing-Verträge**
>
> *Die Gestaltung eines Outsourcing-Vertrags ist komplex. Der Dienstleister ist in der Regel im Vorteil, da er bereits Erfahrung mit zahlreichen abgeschlossenen Projekten hat, während es für den Kunden eine erstmalige Übung ist. Wenn ein Vertrag verlängert wird und der Kunde auf eigene Erfahrungswerte zurückgreifen kann, entsprechen die Ansätze meist nicht mehr der aktuellen Marktlage, da Outsourcing-Verträge häufig lange Vertragslaufzeiten haben. Daher holen sich viele Kunden gezielte Unterstützung und praxiserprobtes Know-how von externen Beratern für die Ausschreibungs- und Verhandlungsphase.*
>
> *Zudem ist eine belastbare Vorhersage über die technische Entwicklung in den kommenden Jahren kaum möglich. Viele Technologien, denen einst eine große Zukunft beschieden wurde, verschwanden kurze Zeit später in der Versenkung oder wurden von anderen Technologien, die sich zum damaligen Zeitpunkt noch gar nicht abzeichneten, überholt. In Anbetracht langer Vertragslaufzeiten ist es also wichtig, den Outsourcing-Vertrag möglichst flexibel zu gestalten und Optionen einzubauen, durch die auch während der Vertragslaufzeit Anpassungen an aktuelle Entwicklungen vorgenommen werden können.*

an in dem Vertrag vorgesehen sein. Je präziser die Spielregeln beschrieben sind, desto konzentrierter kann der Benchmark durchgeführt werden.

Ein wichtiger Bestandteil der Vertragsprüfung ist die Preiskomponente, die von den Parametern Volumen, Qualität und Komplexität beeinflusst wird. Eine komplexe Umgebung bedingt oft besondere Anforderungen an die Qualität. Große Mengen verursachen nicht selten eine höhere Komplexität. Die Kombinationen sind vielfältig und im Rahmen eines Benchmarks in jeder möglichen Konstellation vorzufinden. Sind die Preise für die im Vertrag vereinbarten

Der Preisverfall bei IT-Dienstleistungen macht die regelmäßige Überprüfung der Vereinbarungen sinnvoll.

> **Best Practices: Vertragliche Regelungen für Benchmark-Vereinbarungen**
>
> - Gemeinsame Durchführung
>   *Beide Parteien einigen sich auf einen Benchmark-Partner, unterstützen die Benchmark-Untersuchung und teilen sich die Kosten.*
>
> - Zeitpunkt und Leistungsumfang
>   *Die Parteien einigen sich über Zeitpunkt und Umfang des Benchmarks.*
>
> - Referenzgröße
>   *Es wird festgelegt, welche Referenzwerte im Benchmark gezeigt werden.*
>
> - Folgen der Benchmark-Ergebnisse
>   *Die Parteien einigen sich über die Anwendung der Ergebnisse.*

Leistungen marktkonform und in welcher Form berücksichtigt der Vertrag die Preisentwicklung im Markt? Um diese Fragestellungen zu beantworten, müssen die einzelnen Leistungen analysiert werden. Da diese aber, wie bereits dargestellt, in jedem Outsourcing-Vertrag individuell gestaltet sind, muss ein methodischer Weg gefunden werden, der eine Vergleichbarkeit ermöglicht. Im Rahmen des Benchmarkings nutzt man hierzu die Normalisierung (siehe Kapitel 3.2.).

Die typische Vertragsperiode im IT-Outsourcing liegt zwischen drei und zehn Jahren. Bei der Preisgestaltung sind neben den unmittelbaren Einflüssen der Service-Qualität und technischen Parametern auch Aspekte der Übernahme von Hard- und Software sowie Bestandsverträgen, aber auch Transitionskosten, Hardware-Refresh-Zyklen sowie technische und kaufmännische Risiken maßgebend. Häufig werden diese projektspezifischen Kosten in die Service-Preise eingerechnet. In diesem Fall müssen diese Kosten im Benchmark identifiziert und gesondert betrachtet werden.

ANWENDUNGSBEREICHE DES MARKTPREIS-BENCHMARKS

Kontrolle der Preise

In einem Marktpreis-Benchmark werden die vertraglich zu vereinbarenden Preise und Leistungen mit den zum jeweiligen Zeitpunkt marktüblichen Konditionen verglichen. Diese ergeben sich aus Daten, die vom Benchmarker im Rahmen anderer Projekte erhoben und anonymisiert wurden. Nach einer gewissen Zeit – in der Regel nach 15 Monaten – werden die Daten aus der Benchmarking-Datenbank archiviert, um zu gewährleisten, dass die für den Vergleich verwendeten Daten relevant bleiben. Umfang und Inhalt des Benchmarks sowie die aus diesem Benchmarking resultierenden Konsequenzen werden durch die Parteien einvernehmlich in schriftlicher Form festgelegt.

In vielen Vereinbarungen ist ein Schwellwert als Abweichung vom Referenzwert definiert, der zu Neuverhandlungen oder direkt zu verbindlichen Anpassungen der Preise führt.

Abweichung vom Referenzwert	Ergebnisbereich	Maßnahme
> Mehr als 10 %	Anpassungsbereich	Preisanpassung durch Verhandlung
> Zwischen 5 % und 10 %	Optionaler Bereich	Preisanpassung durch Verhandlung
< Zwischen 5 % und -5 %	Übereinstimmungsbereich	Keine Preisänderung
> Mehr als -5 %	Optionaler Bereich	Preisanpassung durch Verhandlung

Tabelle 1: Entscheidungsmatrix zu Preisanpassungen bei Outsourcing-Verträgen

Markteinsicht in Verhandlungsphasen

In der Verhandlungsphase eines Outsourcing-Abkommens stärkt der Marktpreis-Benchmark die Verhandlungsposition des Kunden. Zu den Vorteilen zählen etwa eine Entscheidungsunterstützung bei der Auswertung von Angeboten, die Überprüfung der Service-Level, ein Vergleich der Provider-Landschaft und das Audit der Verantwortungsmatrix. Natürlich beeinflussen diese Rahmenbedingungen auch die preisliche Gestaltung von Outsourcing-Vereinbarungen. Daher steht die Kontrolle der Vertragsanlagen, in denen Vergütung und Preise für den IT-Betrieb geregelt sind, im Fokus der Betrachtung.

Die professionelle Realisierung eines Outsourcing-Projekts nimmt bis zu 24 Monate in Anspruch und sollte nicht unter Zeitdruck angegangen werden. Neben der Vorbereitung des Auftraggebers und der Erstellung der Angebotsunterlagen müssen potenzielle Provider ausgewählt, Bietergespräche absolviert und Verträge gestaltet werden, bevor es schließlich zum Abschluss kommt. Die Rückläufer der Angebote zeigen regelmäßig große Abweichungen, Unterschiede von bis zu 300 Prozent sind nicht ungewöhnlich. Wenn der Kunde für den Lieferanten strategische Bedeutung hat, finden sich häufig „Türöffner"-Angebote, die akribisch geprüft werden müssen. Hierbei sind Provider stark daran interessiert, im Anschluss zusätzliche Services vom Kunden zu übernehmen.

Das Einsparpotenzial eines Benchmark-Projekts bei der Vorbereitung und der Ausschreibung ist hoch, denn Kunden ohne Erfahrung in der Materie laufen schnell Gefahr, Fehler zu begehen, die sich über die gesamte Dauer der Outsourcing-Beziehung auswirken.

Alternative zur Neuausschreibung

Viele Unternehmen sind dazu übergegangen, eine Verlängerung des Outsourcing-Vertrags auf Basis eines Benchmarks gegenüber einer Neuausschreibung der Leistungen bei Vertragsende vorzuziehen. Obwohl der Kunde dabei auf die Möglichkeit verzichtet, dass sich neue Anbieter gegenseitig unterbieten, kann diese Vorgangsweise am Ende effektiver als eine Neuausschreibung sein, da im Ausschreibungsprozess mit hohen Kosten für gebundene interne Ressourcen und externe Berater zu rechnen ist. Im Fall eines Providerwechsels bestehen immer Risiken der betrieblichen Übernahme. Zudem können sich die Kosten in der Transitions- und Transformationsphase auf bis zu 20 Prozent des Outsourcing-Volumens summieren.

Überprüfung der Service-Level

Service-Level regeln die Leistung des Providers und sind daher ein entscheidender Anteil der Analyse in Benchmark-Workshops. Oft lässt sich erkennen, dass einige Service-Level fast deckungsgleich sind. Die Pflege der vermeintlich verschiedenen Qualitätsstufen bindet unnötige Ressourcen auf Kundenseite, etwa für die Prüfung der Service-Level-Einhaltung, die Auswertung von Reportings oder die Teilnahme an Service-Review-Meetings. Der Benchmark bietet zudem die Gelegenheit, die tatsächlichen Anforderungen der Anwender mit der zu vereinbarenden Dienstgüte abzugleichen – realistische Anforderungen helfen dabei, die Kosten des Abkommens einzudämmen. Oft lassen sich Einsparungen erzielen, ohne dass den Endanwendern die reduzierte Qualität negativ auffällt.

Neuausschreibungen binden zuweilen interne Kapazitäten, deren Kosten nicht unbeachtet bleiben dürfen.

Das Einsparpotenzial eines Benchmark-Projekts durch die Überprüfung der Service-Level liegt auf einem mittleren Niveau. Verlängerte Zeitspannen für Support, Reaktion und Problemlösung sowie eine verkürzte Service-Zeit – nur selten ist 7x24 nötig – ermöglichen direkte Einsparungen vom ersten Tag der Outsourcing-Partnerschaft an. Oftmals können schon durch die Anpassung der SLA-Vorgaben des Kunden an die internen Standards des Providers Einsparungen realisiert werden. Für jeden Provider bedeutet die Umsetzung individueller SLAs einen betrieblichen Mehraufwand. Liegt also der Provider-Standard über einem angepassten Kunden-SLA, kann der Kunde für höherwertige Service-Level mit Preisvor-

4. Marktpreis-Benchmarks im Sourcing Eco-System

teilen rechnen, wenn er auf sein individuell angepasstes Service-Level verzichtet.

Vergleich der Provider-Landschaft

> „Best of Breed" bezeichnet ein Vorgehen, bei dem für jede Teilaufgabe die jeweils beste Lösung ausgewählt wird. Im Gegensatz dazu stehen Lösungen „aus einer Hand", also in der Regel von einem einzigen Lieferanten.

Viele Kunden verfolgen eine Multisourcing-Strategie, die auf dem „Best of Breed"-Ansatz basiert. Einerseits bietet dies die Gelegenheit, für jeden IT-Bereich den besten Anbieter zu verpflichten. Andererseits vervielfachen sich jedoch die Aufwände in der Abstimmung und Steuerung der Dienstleister. Hinzu kommt, dass teilweise Skaleneffekte nicht realisiert werden können. Durch die Bündelung von Verträgen und Konsolidierung der Provider eröffnen sich strategische Einsparmöglichkeiten. Die Konzentration auf einen oder zwei Full-Service-Provider bringt hier oft das bestmögliche Ergebnis.

Das Einsparpotenzial eines Benchmark-Projekts zum Vergleich der Provider-Situation liegt auf einem mittleren bis hohen Niveau. Referenzdaten aus den Benchmarks anderer Unternehmen zeigen dem Auftraggeber, wie sich Kosten und Leistungen verändern, wenn sich der Schwerpunkt zwischen „Best of Breed" und Full-Service verschieben würde. Somit ist der Kunde in der Lage, die für seine Situation bestmögliche Sourcing-Strategie zu definieren.

Audit der Verantwortungsmatrix

Jeder Outsourcing-Vertrag regelt die Zuständigkeiten zwischen Kunde und Dienstleister und legt die RACI-Rollen (Responsible, Accountable, Consulted und Informed) fest. Die Durchführungsverantwortung (Responsible) liegt in der Regel beim Service-Provider, während der Kunde meistens die Freigabe für Änderungen erteilt und im rechtlichen und kaufmännischen Sinne die Verantwortung trägt (Accountable). Die Rollen Fachverantwortung (Consulted) und Informationsrecht (Informed) müssen abwechselnd wahrgenommen werden. Die Abgrenzung zwischen regulären Änderungen im Betrieb und Projekten ist wichtig, um die Betriebskosten von den Projektkosten zu lösen. Mandanten- und Systemkopien oder das Einspielen von Support-Packages sind reguläre Änderungen. Machbarkeitsstudien, Release-Wechsel und die Einführung neuer Komponenten sollten als Projekte gehandhabt und abgerechnet werden.

Das Einsparpotenzial eines Benchmark-Projekts als Audit der Verantwortungsmatrix liegt auf einem mittleren Niveau. Eine klare Definition der Verantwortlichkeiten und Zuständigkeiten minimiert das Konfliktpotenzial über die Vertragslaufzeit.

Schiedsrichter im Vertragsmanagement

Zu Beginn einer Outsourcing-Beziehung befinden sich die vertraglich vereinbarten Services, die ein Dienstleister für den Kunden erbringt, im Einklang mit dem Vertragswerk. Zumindest moderne Verträge sollten so aufgebaut sein, dass sie die Kundenanforderungen exakt widerspiegeln und so die Grauzonen so gering wie möglich halten. Verändern sich jedoch die Anforderungen des Kunden nach einer gewissen Zeit, was durchaus normal ist, werden auch die operativen Services durch den Service-Provider entsprechend angepasst.

Dadurch können zwei Punkte hervortreten, die für das Benchmarking wichtig sind. In der Regel entspricht die Untersuchung eines Kunden-Dienstleister-Verhältnisses gegenüber dem Markt einem Vertrags-Benchmark. Damit wird die Leistungserbringung des Dienstleisters basierend auf den im Vertrag beschriebenen Tätigkeiten gegen eine Peergroup verglichen. Werden Leistungen im Laufe der Jahre verändert erbracht, weil sich der Bedarf auf Kundenseite geändert hat, ohne dass diese Änderungen in einem neuen Vertragsanhang exakt geregelt werden, so kann das Benchmarking auch auf den tatsächlichen, aktuellen Bedingungen basieren – wenn beide Parteien (Kunde und Dienstleister) zustimmen.

Aus den nicht eindeutig definierten Leistungen können sich selbstverständlich auch Schwierigkeiten ergeben. So wird der Dienstleister im Benchmark-Workshop herausstellen, welche Services er für seinen Kunden zusätzlich und besser leistet, als ursprünglich im Vertrag festgehalten worden war. Um für den Benchmark-Vergleich herangezogen werden zu können, muss über die einzelnen Punkte (Leistungserbringung, Scope, Qualitätsparameter etc.) zwischen Dienstleister und Kunde Einigkeit herrschen – nur dann sind die Informationen für den Benchmarker verwertbar.

FAZIT

Die Tendenz zum Outsourcing ist ungebrochen, auch wenn die Zeit der Mega-Deals vorbei ist. Viele Unternehmen prüfen die Möglichkeiten, die sich in der Zusammenarbeit mit einem Provider bieten. Die Gründe hierfür sind vielfältig, auch wenn es einige dominierende Ziele gibt:

- Geringere Kosten
- Verbesserte IT-Infrastruktur
- Verbesserte Prozesse

Angesichts der Intransparenz im Markt und der stetigen Preiserosion bei IT-Dienstleistungen ist es kaum verwunderlich, dass Benchmark-Klauseln ein fester Bestandteil in Verträgen zwischen Service-Providern und ihren Auftraggebern sind. Neben der Überprüfung des Marktpreises nach einer gewissen Laufzeit werden oft weitere Fragestellungen in den Untersuchungsbereich eingeschlossen, zum Beispiel eine allgemeine Vertrags- und Serviceüberprüfung oder die Analyse der Kundenanforderungen. Die Qualität und Aussagekraft der Ergebnisse hängt dabei von der möglichst vollständigen und korrekten Beantwortung sowie dem Detaillierungsgrad der Auskünfte ab. Ein Marktpreis-Benchmark ist dann erfolgreich, wenn Auftraggeber und Berater bei der Datenerhebung eng zusammenarbeiten.

ANWENDUNGEN VON BENCHMARKS

ANWENDUNGEN VON BENCHMARKS

Die Rechnung ist einfach: Ohne Zahlen kein Benchmark. Dabei kann ein derartiges Projekt mehr, als nur zwei Werte gegenüberzustellen und den vermeintlich besseren Betrag zum Sieger zu küren. Kennzahlensysteme und Benchmarks sind in der Lage, eine Richtung vorzugeben, den Kurs zu kontrollieren und bei Bedarf anzupassen. Dadurch sinkt die Gefahr, dass Unternehmen nach einer falschen Entscheidung weit in die Sackgasse hineinlaufen.

Die Kosten für den SAP-Basisbetrieb pro Instanz und Monat, für ein genutztes GB Speicherplatz einschließlich Mirror und Backup, für einen Junior Consultant – das wichtigste Element in der Abschlusspräsentation eines Benchmark-Projekts sind Zahlen. Sie spiegeln den Status quo eines spezifischen Aspekts in der Enterprise-IT in Relation zur „Realität" wider. Damit dient der Benchmark vordergründig zur Standortbestimmung und zur Ermittlung eigener Stärken und Schwächen. Durch die Abweichung vom Maßstab entsteht Transparenz, und Manager erhalten Impulse, um gezielte Entscheidungen herbeizuführen.

Die Zahlen selbst haben jedoch nur eine kurze Halbwertszeit. Schließlich ist der Standort nicht das Ziel, sondern der Ausgangspunkt einer Reise, die das Unternehmen zu positiven Veränderungen führen soll. Folglich ist das Benchmark-Projekt als Startschuss für einen Orientierungslauf zu betrachten, bei dem nicht nur Ursprung und Ziel entscheidend sind, sondern in erster Linie die beste Verbindung zwischen beiden Punkten.

Der Benchmark kann nicht immer den perfekten Weg beschreiben, da sich Ausgangspunkt und Ziel häufig verändern. Er liefert aber Hinweise darauf, wie sich Richtungsentscheidungen in anderen Unternehmen ausgewirkt haben. Das müssen nicht immer Best Practices sein – manchmal kann man auch sehr gut aus den Fehlern anderer Organisationen lernen. Zudem kann ein Benchmark dazu beitragen, polemisch geführte Diskussionen in einem Unternehmen etwa über die IT-Kosten zu beenden. Schließlich kommen Fakten und Zusammenhänge auf den Tisch – wenn etwa die eigenen Applikationen teurer als der Durchschnitt der Vergleichsgruppe sind, weil die Fachabteilungen überdurchschnittlich hohe Anforderungen stellen. Dies ist möglich, weil im Rahmen des Benchmarks nicht nur die Kosten und die Produktivität erfasst werden, sondern auch die verschiedenen Kostentreiber wie Komplexität, Qualität und Volumen.

Kennzahlen sind folglich nicht nur das Ergebnis, sondern auch die Grundlage aller Benchmarks. Sie bieten eine effiziente Möglichkeit, sich schnell einen Überblick zu verschaffen und gleichzeitig Handlungsfelder zu identifizieren. Zwar ist eine Steuerung der IT ohne wirkungsvolle Kennzahlen heutzutage kaum noch denkbar. Allerdings gibt es kein einheitliches Kennzahlensystem, das sich für alle Anwendungsbereiche nutzen lässt. Auch sind Aufbau und Pflege derartiger Steuerungsstrukturen nicht trivial, zumal alle Kennzahlen zusammenhängen. Erfolgreiche IT-Kennzahlensysteme sind mit den bestehenden IT-Organisationseinheiten, IT-Funktionen, IT-Prozessen und IT-Services synchronisiert.

Mit einem Benchmark-Projekt wird der Impuls gesetzt, ein eigenes Kennzahlensystem zu entwickeln, das sich auch nach dem Vergleich noch nutzen lässt. Setzt ein Unternehmen diesen Anstoß um, ist aus der einmaligen Standortbestimmung ein Verfahren geworden, um die IT-Organisation, ihre Kosten und ihre Services über eine längere Strecke zu überwachen und zu steuern. Aus der einmaligen Entscheidung für eine Richtung hat sich die Fähigkeit herausgebildet, den eigenen Kurs kontinuierlich zu überprüfen und möglichst rasch an bewegliche Ziele anzupassen.

DIE CIO-PERSPEKTIVE: WERTBEITRAG UND WERTSCHÄTZUNG

von Michael Gladbach

„Kosten senken", lautet das erste Argument für einen IT-Benchmark. Und zwar nicht mit dem Rasenmäher, sondern im Idealfall gezielt. Die notwendigen Koordinaten der Ziele kommen aus dem Benchmark-Vergleich, der nicht nur den eigenen Standort zeigt, sondern auch die Schwachstellen und Stärken einer IT-Organisation. Angesichts des Einspar- und Optimierungspotenzials haben sich Benchmark-Projekte inzwischen auch im deutschsprachigen Raum etabliert, die Hinwendung zum Outsourcing hat den Trend noch beflügelt.

Jedoch kann ein Benchmark weitaus mehr, als den Rotstift anzuspitzen. Als CIO für Zentraleuropa in einem amerikanischen Einzelhandelskonzern hätte ich mir Mitte der 90er-Jahre gewünscht, dass mir jemand alle Vorteile eines Benchmark-Projekts aufgezeigt hätte. Mein CFO wollte permanent wissen, was unsere IT leistet und wie wir Performance, Produktivität und Effizienz analysieren. Eine fundierte Antwort konnte ich ihm damals nicht geben – schließlich haben wir die Arbeit so gut gemacht, wie wir konnten. Und solange sich die Anwender nicht beschweren, war der Service unserer Meinung nach gut – zugegeben, eine damals wie heute ziemlich haltlose Aussage.

5.2 Die CIO-Perspektive: Wertbeitrag und Wertschätzung

Damals war die letzte Phase des „Goldenen Zeitalters" der IT angebrochen. Als ich Platten bei einer NCR Jukebox rausgeschraubt habe, hieß die IT noch EDV. Wir waren wie kleine Könige und die Anwender haben uns höflich gebeten, vielleicht noch diese Woche einen Report für sie auszudrucken. Doch dann setzte die Wende ein: Aus Usern wurden Kunden, aus uns wurden Dienstleister. Doch was passiert, wenn die Reports nicht zum richtigen Zeitpunkt bereitstehen, wenn die Performance nicht gut ist, wenn die Antwortzeiten nicht innerhalb einer Millisekunde liegen, wenn der Call nicht in 30 Sekunden beantwortet wird, wenn das Problem nicht in 30 Minuten gelöst wird? So hat sich die IT in weniger als zehn Jahren vom König zum Sündenbock entwickelt.

Seither lautet der beliebteste Vorwurf an die IT: „Ihr seid zu teuer für das, was ihr leistet." Eine Begründung für diese These gibt es außer dem Bauchgefühl zwar nicht, aber der Ober sticht nun mal den Unter. Hinzu kommt, dass sich heute jeder Anwender, der eine App auf seinem iPad installieren kann, für einen IT-Spezialisten hält. Jeder nimmt sich daher das Recht, die Leistungen der IT abschließend zu beurteilen. So wird die IT systematisch unter Druck gesetzt – in finanzieller wie in moralischer Hinsicht. Manchmal gibt es tatsächlich Optimierungsbedarf, manchmal ist das verordnete Sparen aber auch nur blanker Aktionismus, der mehr schadet als nützt. Irgendwann aber ist auch die dickste Tube leer, die Mitarbeiter sind überarbeitet, das Employer Branding verbrannt und der Handlungsspielraum der IT eingeschnürt.

Auf der Strecke geblieben sind dabei die grundsätzliche Akzeptanz der IT und die Wertschätzung der Arbeit von IT-Spezialisten – Menschen, die am Computer mehr können, als Parameter in eine Applikation einzugeben. Es führt kein Weg dran vorbei: Ein CIO muss die Leistung seines Teams umfassend nachweisen, um interne Diskussionen auf eine stabile Grundlage zu stellen. Verbale Rechtfertigungen zählen nichts. Nur wenn Argumente schwarz auf weiß oder als Grafik dargestellt werden können, haben sie in einem Meeting oder in einer Präsentation Gewicht – viele Function Points, geringe Kosten, ein hohes Service-Level.

> Aufgrund der zunehmend technisierten Gesellschaft hat sich die Ein- und Wertschätzung gegenüber der IT stark verändert – Benchmarks helfen, die Diskussionen wieder zu versachlichen.

5.2 Die CIO-Perspektive: Wertbeitrag und Wertschätzung

Dieser Leistungsnachweis durch einen Benchmark-Vergleich ist vielleicht der größte Vorteil für den CIO, denn er kann helfen, die Wertschätzung für die professionelle IT zu heben. Zwar wird sich niemand mehr vor IT-Mitarbeitern verbeugen, diese Zeiten sind vorbei. Aber vielleicht wird den Kunden wieder bewusst, dass auch in einer internen IT-Organisation professionelle Kollegen arbeiten, von denen viele ebenfalls eine spezialisierte Ausbildung erfahren haben. Mit einem Benchmark ist der IT-Verantwortliche in der Lage, die relevanten Daten, Leistungen und Rahmenbedingungen zu erfassen und anhand von Kenngrößen darzustellen. Neben dem Euro sind dies etwa die MIPS (Million Instructions per Second), bei der Programmierung Function Points und im Helpdesk Calls. Die Werte werden in den Kontext einer Vergleichsgruppe eingeordnet, wodurch Abweichungen zutage treten.

Benchmarks können einem CIO ein klares Bild über die eigene IT und Bewusstsein für Optimierungen verschaffen.

Tatsächlich darf kein CIO den Benchmark als Mittel der Rechtfertigung nutzen, das wäre kontraproduktiv. Hier zählen nur amerikanische Tugenden: Durch den Benchmark demonstriert der CIO den Stakeholdern im Unternehmen, dass er selbstkritisch in der Lage ist, Optimierungspotenzial zu suchen. Daraus werden dann Handlungen abgeleitet, um die IT zu verbessern. Dabei ist dieses idealisierte Bild nicht einmal überzeichnet – ein Benchmark gibt Denkanstöße und wirkt wie eine Inventur. Viele Firmen, die sich erstmals einem Vergleich stellen, sind durch den Benchmark gezwungen, ihre IT-Assets detailliert zu ermitteln. CIOs haben durch den Benchmark die Chance, interessante Fakten zum IT-Einsatz in ihrer Organisation zu erfahren – redundante Applikationen und fehlende Hardware eingeschlossen.

Der Nachweis, dass eine IT tatsächlich „gute" Arbeit leistet, ist Gold wert. Durch den Benchmark wird die Leistung in einen größeren Zusammenhang gestellt und Transparenz entsteht. Damit werden CFOs und Anwender in die Lage versetzt, die Kompetenzen ihrer IT zu akzeptieren. Gelingt dies über einen gewissen Zeitraum, stellt sich allmählich sogar Wertschätzung ein. Und wenn sich gelegentlich ein Kunde über die Arbeit der IT beschwert, ist das kein Beinbruch. Das kommt in den besten Unternehmen vor.

IT-BENCHMARKING
UND CLOUD-COMPUTING

von Jonas Repschläger und Rüdiger Zarnekow

In jüngster Zeit lässt sich eine zunehmende Entwicklung und Nutzung von Cloud-Computing-Angeboten beobachten. Für die Nutzer stellt dabei der Auswahlprozess des für den jeweiligen Anwendungsfall individuell passenden Anbieters beziehungsweise der passenden Lösung eine besondere Herausforderung dar. Schließlich ist der Markt für Cloud-Computing derzeit geprägt durch eine Vielzahl von neuen Anbietern mit zum Teil wenig transparenten und deutlich unterschiedlichen Leistungsangeboten. Für eine adäquate Leistungsmessung sowie die Vergleichbarkeit von Angeboten und Anbietern im Cloud-Computing fehlen Standards und Benchmarking-Kriterien. In diesem Beitrag wird die aktuelle Situation hinsichtlich der Benchmarking-Möglichkeiten dargestellt. Auf Basis dieser Erkenntnisse werden Cloud-Benchmarking-Dimensionen sowie Normierungskriterien und Kennzahlen abgeleitet. Diese Kriterien können künftig für eine Standardisierung herangezogen werden und gleichermaßen als Grundlage für ein Benchmarking von Cloud-Dienstleistungen dienen.

GRUNDLAGEN DER CLOUD

Cloud-Computing stellt eine Ansammlung von Diensten, Anwendungen und Ressourcen dar, die dem Nutzer flexibel und skalierbar über das Internet angeboten werden, ohne eine langfristige Kapitalbindung und IT-spezifisches Know-how vorauszusetzen. Der Kunde kann, abhängig von der vertikalen Integrationstiefe, entweder komplette Software-Anwendungen oder nur die notwendige IT-Infrastruktur beziehen.

Cloud-Computing-Leistungen können standardisiert über das Internet bezogen und von beliebigen Geräten – beispielsweise Laptops, PDAs und Smartphones – ortsunabhängig genutzt werden. Dabei wird der Bedarf der Kunden über multi-mandantenfähige, virtualisierte IT-Ressourcen dynamisch bedient. Gleichzeitig sind die IT-Ressourcen sowohl nach unten als auch nach oben skalierbar und somit flexibel an den Bedarf des Kunden anpassbar. Hinzu kommt ein automatisiertes und verbrauchsabhängiges Abrechnungsverfahren, das den Kunden einerseits einen hohen Steuerungsaufwand abverlangt, andererseits jedoch die unkomplizierte Nutzung von Self-Services ermöglicht.

> Das Nutzenversprechen von Cloud-Computing ist enorm, eine genaue Kontrolle ist Pflicht.

Die Angebote im Cloud-Computing lassen sich vier Service-Modellen zuordnen. Zum einen existiert die Variante einer geschützten Cloud, die nur von einem einzelnen Unternehmen („Private Cloud") nutzbar ist. Die Ressourcen und Applikationen befinden sich bei dieser Spielart in einem firmeneigenen Rechenzentrum. Zum anderen können Cloud-Angebote als öffentlich zugängliche IT-Ressourcen-Pools („Public Cloud") gestaltet werden. Hierbei befinden sich die genutzten Daten und Dienste in der Obhut des Cloud-Anbieters. Drittens sind auch Mischformen („Hybrid Cloud") denkbar, die Architekturen der Private und Public Cloud bedarfsgerecht kombinieren. Des Weiteren wird unterschieden, ob es sich um einen Zusammenschluss von mehreren Anbietern („Provider Community Cloud") handelt oder um eine Cloud-Infrastruktur, die von einer bestimmten Abnehmergruppe (etwa Branchen oder Verbände) gemeinsam genutzt wird („Customer Community Cloud").

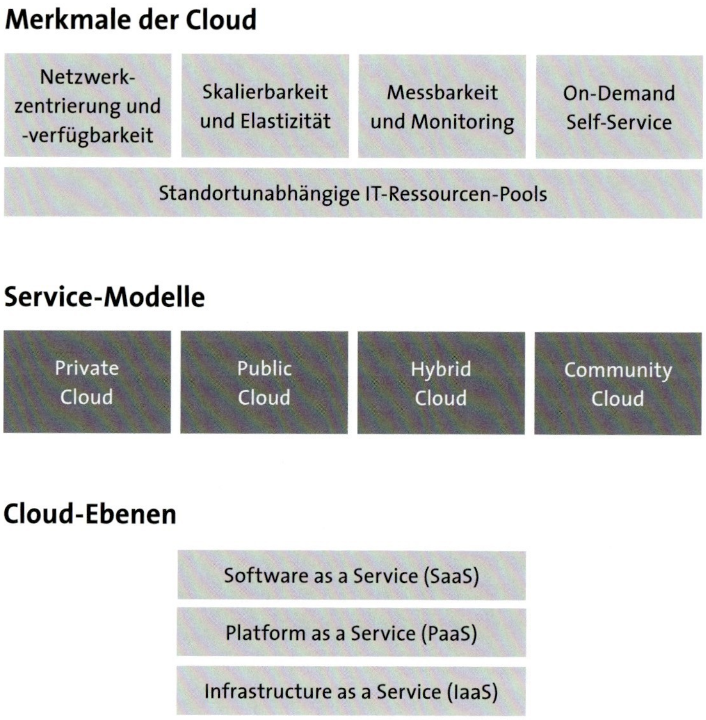

Merkmale der Cloud

| Netzwerk-zentrierung und -verfügbarkeit | Skalierbarkeit und Elastizität | Messbarkeit und Monitoring | On-Demand Self-Service |

Standortunabhängige IT-Ressourcen-Pools

Service-Modelle

| Private Cloud | Public Cloud | Hybrid Cloud | Community Cloud |

Cloud-Ebenen

Software as a Service (SaaS)

Platform as a Service (PaaS)

Infrastructure as a Service (IaaS)

Abbildung 1: Eigenschaften des Cloud-Computing. Quelle: National Institute of Standards and Technology (NIST)

Zudem haben sich in der Praxis drei Ebenen des Cloud-Computing etabliert, mithilfe derer sich die Dienstleistungsangebote beschreiben lassen: Infrastructure as a Service (IaaS), Platform as a Service (PaaS) und Software as a Service (SaaS). IaaS stellt den Kunden skalierbare IT-Infrastrukturressourcen wie Rechenleistung oder Datenspeicher bereit. Auf der darüberliegenden PaaS-Ebene werden Plattformen angeboten, die Schnittstellen zur Cloud-Infrastruktur und Tools für die Entwicklung von Cloud-Anwendungen beinhalten. Auf der obersten Ebene umfassen SaaS-Angebote komplette Anwendungen und Dienste. Hierzu zählen etwa ERP- oder Office-Lösungen.

ENTWICKLUNG DER CLOUD

In den vergangenen Jahren fand ein starkes Marktwachstum im Bereich der Cloud-Dienstleistungen statt. Nach einer aktuellen Studie der Experton Group für den IT-Branchenverband BITKOM wird der Umsatz mit Cloud-Computing in Deutschland von 1,14 Milliarden Euro im Jahr 2010 auf 8,2 Milliarden Euro im Jahr 2015 ansteigen. Das beschreibt ein durchschnittliches Umsatzwachstum von fast 50 Prozent pro Jahr. Wenn dieser Trend anhält, dann könnten in fünf Jahren etwa zehn Prozent der gesamten IT-Ausgaben in Deutschland auf Cloud-Computing entfallen. Die Folge sind eine stark wachsende Anbieterzahl sowie heterogene Geschäfts- und Servicemodelle.

Begründet durch die hohe Marktdynamik existieren aktuell nur wenige Ansätze hinsichtlich einer Standardisierung und eines Benchmarking. So muss sich der Kunde mit einer großen Anzahl an proprietären Schnittstellen der Anbieter auseinandersetzen. Aufgrund mangelnder Interoperabilität stellt zudem der Anbieterwechsel eine große Herausforderung dar. Diese unter dem Schlagwort „Provider Lock-In" bekannt gewordene Problematik ist derzeit ein breit diskutiertes Forschungsthema, das bereits von internationalen Forschungsgemeinschaften wie dem Open Grid Forum (OGF) aufgegriffen wurde. Erschwerend kommt hinzu, dass im Markt ein sehr heterogenes Verständnis vom Cloud-Computing besteht und Auswirkungen bei der Einführung sehr unterschiedlich sind. Demzufolge ist eine Migration in die Cloud kein einfacher Schritt und der Auswahlprozess, der durch intransparente Angebote und fehlende anbieterübergreifende Vergleichskriterien erschwert wird, erfordert geeignete Entscheidungskriterien und Messgrößen.

> Durch die hohe Marktdynamik dürfen potenzielle Cloud-Kunden derzeit nicht mit einem Service „auf Knopfdruck" rechnen.

STANDARDISIERUNG IN DER CLOUD

Die steigende Anzahl von Anbietern auf dem Markt für Cloud-Computing lässt die Forderung nach Interoperabilität zwischen den Cloud-Plattformen wachsen. Standardisierungsbestrebungen vieler Gruppen zielen auf die Erfüllung dieser Forderung ab, da sowohl unabhängige Institutionen als auch Anbieter von Cloud-Diensten ihre eigenen Standards entwickeln. Besonders Anbieter haben aufgrund wettbewerblicher Vorteile ein Interesse daran, Anwender an die eigenen Services zu binden.

Die Standardisierung muss bei dem grundlegenden Konzept des Cloud-Computing ansetzen, der Virtualisierung. Es wird bisher kaum ein einheitlicher Virtualisierungsstandard verwendet, daher nutzen verschiedene Cloud-Plattformen unterschiedliche Formate. Ein erster Schritt in die Richtung eines Standards wurde von der DMTF (Distributed Management Task Force) mit dem Open Virtualization Format (OVF) geschaffen, der eine Migration virtueller Maschinen zwischen einzelnen Clouds ermöglicht. Die Steuerung der ausgelagerten Infrastruktur kann hierbei über Schnittstellen wie dem Open Cloud-Computing Interface (OCCI) erfolgen. Bisher gibt es kaum Möglichkeiten, Sicherheitsanforderungen lückenlos auf relevante Cloud-Angebote abzubilden. Infolgedessen werden zunehmend Standards für die Datensicherheit und Verschlüsselung sensibler Daten außerhalb des Unternehmens nachgefragt und bereits ansatzweise von Forschungsprojekten wie „Sealed Cloud" thematisiert. Weitere Initiativen, die sich mit der Standardisierung in der Cloud auseinandersetzen, werden in der folgenden Tabelle 1 aufgeführt.

Die Standardisierung von Cloud-Services würde ein gewaltiges wirtschaftliches Potenzial freisetzen.

Die wirtschaftlichen Folgen und Potenziale einer Standardisierung von Cloud-Strukturen wirken sich sowohl aufseiten der Anbieter als auch aufseiten der Anwender aus. Zunächst gelingt es dem Anbieter mithilfe von standardisierter Cloud-Infrastruktur ein Angebot bereitzustellen, welches dem Cloud-Prinzip tatsächlich gerecht wird. Virtuelle Infrastrukturen können ohne Probleme frei skaliert und zwischen verschiedenen Anbietern migriert werden.

5.3 IT-Benchmarking und Cloud-Computing

Name	Beschreibung	Bestrebung
ARTS	Association for Retail Technology Standards	• Cloud-Computing for Retail (Whitepaper)
BITKOM	Branchenverband der ITK-Branche, vertritt ca. 90% der deutschen ITK-Unternehmen	• Cloud-Computing – Was Entscheider wissen müssen (ein ganzheitlicher Blick über die Technik hinaus/Positionierung, Vertragsrecht, Datenschutz, Informationssicherheit, Compliance) • Leitfaden für SaaS-Anbieter • Cloud-Computing-Evolution in der Technik, Revolution im Business (BITKOM-Leitfaden) • Desktop-Virtualisierung (Leitfaden) • Server-Virtualisierung (Leitfaden)
BSI	Deutsches Bundesamt für Sicherheit in der Informationstechnik	• Eckpunktepapier: Sicherheitsempfehlungen für Cloud-Computing-Anbieter (Mindestsicherheitsanforderungen in der Informationssicherheit)
CSA	Cloud Security Alliance ist eineinternationale Organisation für Sicherheit im Cloud-Computing	• Security Guidance for Critical Areas of Focus in Cloud-Computing • Top Threats to Cloud-Computing • Cloud Audit and the Automated Audit, Assertion, Assessment, and Assurance API
DMTF	Distributed Management Task Force ist ein Zusammenschluss von Unternehmen der IT-Industrie und umfasst 160 Unternehmen oder Organisationen aus 43 Ländern	• OVF – Open Virtualization Format • VMAN – Virtualization Management • CLOUD – Cloud Management
NIST	US-Bundesbehörde – National Institute of Standards & Technology	• Special Publication: The NIST Definition of Cloud-Computing (Draft) • Standards Acceleration to Jumpstart Adoption of Cloud-Computing (SAJACC)

Tabelle 1 (Teil 1): Standardisierungsbestrebungen im Cloud-Computing

5.3 IT-Benchmarking und Cloud-Computing

Name	Beschreibung	Bestrebung
OASIS	Internationale Organisation zur Weiterentwicklung offener IT-Standards, Partnerschaft mit ETSI	• OASIS Identity in the Cloud (IDCloud) TC • OASIS Symptoms Automation Framework (SAF)
OGF	Open Grid Forum für verteiltes Rechnen ist eine Gemeinschaft aus über 400 Organisationen in mehr als 50 Ländern	• Open Cloud-Computing Interface
Open Cloud Manifesto	Initiative für offene Standards im Bereich Cloud-Computing, 40 IT-Unternehmen	• Cloud-Computing Use Cases
SNIA	Europäische Handelsvereinigung zur Entwicklung von Speicher-Standards	• CDMI – Cloud Data Management Interface • CDMI Reference Implementation
The Open Group	Anbieter- und technologieneutrales Gremium zu Entwicklung von Standards	• Building Return on Investment from Cloud-Computing • Strengthening your Business Case for Using Cloud • Cloud Buyers Decision Tree • Cloud Buyers Requirements Questionnaire
TM Forum	Telemanagement Forum zur Anwendungsintegration für Service-Provider im ITK-Bereich; über 700 Mitglieder aus mehr als 195 Ländern	• Cloud & New Services Initiative

Tabelle 1: (Teil 2) Standardisierungsbestrebungen im Cloud-Computing

Darüber hinaus wird das Verständnis bezüglich Cloud-Services und ihrer Eigenschaften zwischen Anbietern und Anwendern auf eine gemeinsame Ebene gehoben. Dem Anwender wird mit vollkommener Interoperabilität gewährleistet, dass er die Dienste und Produkte verschiedener Anbieter kombinieren und austauschen kann. Seine eigenen Anwendungen oder Daten können so ungehindert zwischen verschiedenen Anbietern verschoben werden, wodurch die Portabilität und Mobilität von Anwendungen und Daten gewährleistet und gefördert wird. Im Ergebnis erreichen die Anwender eine gewisse Unabhängigkeit von den Anbietern und können ihre Cloud-Dienste und deren Erweiterungen frei wählen. Die Angebote gestalten sich transparenter und ein Vergleich zwischen einzelnen Service-Levels (SLA) der Anbieter wird deutlich erleichtert. Somit können Anwender ihre Investitionen in Cloud-Dienste optimieren und deren Nutzen voll ausschöpfen.

BENCHMARKING IM CLOUD-COMPUTING

Derzeit (Anfang 2012) sind die einschlägigen IT-Fachmedien darum bemüht, Vergleiche und Rankings von Cloud-Angeboten zu erstellen. Bei diesen Bewertungen werden jedoch oft Äpfel mit Birnen verglichen. Viele dieser Vergleiche (speziell auf Software- und Plattformebene) sind sehr rudimentär und gehen weder auf messbare Merkmale – wie Verfügbarkeit, Leistung oder Preis – noch auf weiche Faktoren – wie die Gewährleistung oder Sicherheit – ausreichend ein. Wesentlich bessere Vergleichsmöglichkeiten bieten sich auf der Infrastruktur-Ebene, wo bereits erste Cloud-Benchmarks verfügbar sind (beispielsweise Cloudharmony.com). Diese Benchmarks beziehen sich auf klassische Größen wie CPU- und I/O-Messungen oder auf Latenzzeiten und Verfügbarkeiten von Cloud-Anbietern (beispielsweise CloudSleuth.net von Compuware).

Für ein erfolgreiches Benchmarking sind standardisierte Strukturen im Cloud-Computing essenziell. Durch die Einhaltung von Standards können Produkte unterschiedlicher Hersteller kombiniert werden. Der Kunde wird somit durch den Kauf eines Produktes nicht in eine Abhängigkeit zu weiteren Produkten desselben Unternehmens gezwungen. Die Unternehmen hingegen stehen dadurch in einer zunehmenden Konkurrenz zueinander und können standardkonforme Softwarelösungen unabhängig von der bestehenden Infrastruktur ihrer Kunden etablieren. Ein standardkonformes Produkt spricht auch für einen hohen Qualitätsstandard, da Service-Level vergleichbar werden und sich somit eine bessere Transparenz der Dienstleistungen ergibt. Das wiederum steigert das Vertrauen des Kunden in ein Unternehmen.

BENCHMARKING-DIMENSIONEN IM CLOUD-COMPUTING

Es existieren diverse Bereiche, in denen Cloud-Computing-Benchmarks sinnvoll erscheinen. So ist es möglich, die „Cloud Readiness", also die Reife hinsichtlich Prozessstrukturen und Infrastrukturen, auf Kundenseite zu messen und gegenüber anderen Wettbewerbern zu vergleichen. Des Weiteren können Cloud-Reifegrade beim Kunden bestimmt werden, die Aufschluss darüber geben, inwieweit Cloud-Computing bereits im Unternehmen verankert ist und welche Mehrwerte es dem Unternehmen bietet. Während sich solche Benchmarks auf die Seite des Kunden beziehen und dort Vergleiche anstellen, ist ebenso ein Anbieter-Benchmarking möglich. Hierbei können Provider verglichen oder einzelne Cloud-Services gegeneinander abgewogen werden. Der Kunde soll mithilfe von Anbieter-Benchmarks entscheiden können, ob und in welchen Bereichen der Umstieg auf Cloud-Services Vor- oder Nachteile bringt und welcher Anbieter als geeignet erscheint.

Cloud-Benchmarks gibt es sowohl für Anbieter wie auch für Anwender.

Idealerweise existieren Benchmarks der Cloud-Anbieter hinsichtlich verschiedener Dimensionen (etwa Kosten, Leistung, Flexibilität, Sicherheit und Vertrauenswürdigkeit), sodass eine dezidierte Vergleichsmöglichkeit besteht. Für Anbieter eröffnen Benchmarks die Chance, sich gegenseitig zu vergleichen und Best Practices zu identifizieren. Hierbei können Leistungsminima und auch Grenzwerte identifiziert werden, die ein optimales Cloud-Portfolio auszeichnen.

Dimension: Flexibilität

Ein häufig im Zusammenhang mit Cloud-Computing aufgezeigter Vorteil in Wissenschaft und industrieller Praxis ist der Zugewinn an Flexibilität gegenüber traditionellen Lösungen. Ressourcen können beispielsweise je nach Bedarf, der zum Teil stark schwanken kann, flexibel gebucht und ebenso wieder freigegeben werden. Die Bereitstellung erfolgt hier im Vergleich zum klassischen Outsourcing schneller und kurzfristiger mit einer insgesamt sehr geringen Bindungsdauer an den Anbieter. Neben diesen Punkten sind für die Anbieterauswahl noch weitere Aspekte wie Standardisierung (etwa durch APIs), die Rückführbarkeit von Daten, die kurzen Vertragslaufzeiten oder eine nachfragebedingte und skalierbare Ressourcendeckung zu beachten.

> Cloud-Computing kann schneller realisiert und redimensioniert werden als Outsourcing-Maßnahmen.

Dimension: Kosten

Die Entscheidung für Cloud-Computing und für einen konkreten Anbieter wird, wie in anderen Bereichen auch, häufig von monetären Überlegungen geleitet. In diesem Zusammenhang wird häufig das Schlagwort „pay-as-you-go" genannt. Kunden, welche sich für eine Nutzung von Cloud-Services entscheiden, profitieren in erster Linie von einer geringen Kapitalbindung. Hierbei bleiben den Kunden hohe Anschaffungskosten in Form benötigter Server, Lizenzen oder Stellflächen erspart. Zudem wird die Komplexität des IT-Betriebs reduziert.

Dimension: Leistungsumfang & Leistungsfähigkeit

Mit dieser Dimension werden der Leistungsumfang und die Leistungsfähigkeit eines Cloud-Anbieters beschrieben. Um den für die jeweiligen Anforderungen am besten geeigneten Cloud-Anbieter auszuwählen, ist die Kenntnis über den angebotenen Leistungsumfang und dessen Leistungsfähigkeit von entscheidender Bedeutung. Hierbei gilt es, Merkmale hinsichtlich der Performance (Latenzzeiten oder Transaktionsgeschwindigkeit), der Kapazitätsgrenzen (etwa maximale Anzahl von Accounts oder Speicherplatz), der Servicekomplexität (wie viele Funktionen angeboten werden) und des Individualisierungsgrades (wie weit sich der Service anpassen lässt) zu berücksichtigen.

Dimension: IT-Sicherheit & Compliance

Die Entscheidung bei der Anbieterauswahl in der Cloud wird sehr häufig von Anforderungen des Unternehmens im Bereich Sicherheit, Compliance und Datenschutz beeinflusst. Unternehmen wollen oder müssen sichergehen, dass ihre Daten und Anwendungen auch bei einem Cloud-Anbieter sowohl erforderliche Compliance-Richtlinien erfüllen als auch ausreichend vor unberechtigten Zugriffen geschützt sind. Dabei beziehen sich die Entscheidungskriterien fast ausschließlich auf die Infrastruktur des Anbieters selbst und weniger auf den zu beziehenden Dienst.

Dimension: Ausfallsicherheit & Vertrauenswürdigkeit

Diese Dimension beschreibt, wie sicher sich der Kunde sein kann, dass ihm die Dienstleistung aus der Cloud wie vereinbart zur Verfügung steht. Dabei spielen Zusagen und Leistungsversprechen beispielsweise in Form von SLAs eine Rolle. Darüber hinaus ist die Zuverlässigkeit, mit der diese Leistungsversprechen eingehalten werden, von zentraler Bedeutung. Im Gegensatz zum Leistungsversprechen beschreiben die Zuverlässigkeit sowie die Vertrauenswürdigkeit des Anbieters Infrastrukturmerkmale, die Indizien für eine hohe Ausfallsicherheit sein können. Hierzu zählen unter anderem Notfallmaßnahmen, redundante Standorte oder Zertifizierungen.

Dimension: Service & Cloud-Management

Das Service & Cloud-Management umfasst Eigenschaften des Anbieters, die für einen reibungsfreien Betrieb des Cloud-Dienstes entscheidend sind. Hierzu zählen der angebotene Support und die Funktionen zur Steuerung und Kontrolle, aber auch die Individualisierung der Weboberfläche. Die Handhabbarkeit (Usability) der Dienste, speziell in einer verteilten IT-Architektur, und die Cloud-Governance, in deren Rahmen Anforderungen und Zuständigkeiten beim Kunden definiert werden, sind wesentliche Merkmale dieser Zieldimension.

Um die Relevanz der einzelnen Benchmarking-Dimensionen zu erfassen, wurden 30 IT-Manager befragt und die einzelnen Dimensionen gewichtet (siehe *Abbildung 2*). Demnach halten 83 Prozent der IT-Manager die Dimension „IT-Sicherheit & Datenschutz" für sehr wichtig und setzen „Ausfallsicherheit & Vertrauenswürdigkeit" mit über 53 Prozent an die zweite Stelle. Das Ergebnis der Gewichtung spiegelt die allgemeine Wahrnehmung von Themen im Cloud-Umfeld wider. Die Dimensionen „Leistungsumfang & Leistungsfähigkeit" und „Service & Cloud-Management" werden im Vergleich zu den anderen vier Dimensionen als relativ unwichtig erachtet. Eine Erklärung dafür könnte sein, dass diese zwei Dimensionen von geringerer Bedeutung für die Management-Ebene sind oder der direkte Bezug zu strategischen Zielen fehlt.

Sicherheit und Vertrauen rangieren vor Leistungsumfang.

Auf Grundlage der Experteninterviews lässt sich vermuten, dass IT-Abteilungen und die operative Mitarbeiterebene ein höheres Interesse an diesen Dimensionen haben – insbesondere dann, wenn Service-Anforderungen definiert werden, die ein bestimmtes Performance-Niveau erfordern.

5.3 IT-Benchmarking und Cloud-Computing

Benchmarking-Dimension: Flexibilität

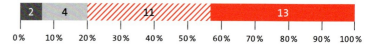

Benchmarking-Dimension: Kosten

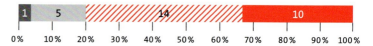

Benchmarking-Dimension: Leistungsumfang & Leistungsfähigkeit

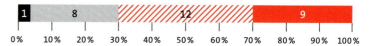

Benchmarking-Dimension: IT-Sicherheit & Compliance

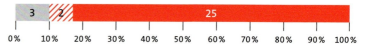

Benchmarking-Dimension: Vertrauenswürdigkeit & Ausfallsicherheit

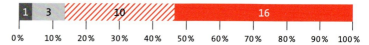

Benchmarking-Dimension: Service & Cloud Management

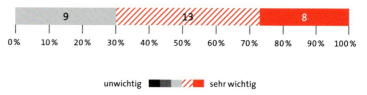

Abbildung 2: Relevanz der Benchmarking-Dimensionen für Anwenderunternehmen

KENNZAHLEN DER CLOUD

Nachfolgend werden Cloud-Kennzahlen vorgestellt, die es dem Anwender ermöglichen, Cloud-Dienste quantitativ zu bewerten und mit anderen Hosting- und Infrastrukturkonzepten zu vergleichen. Zur Verbesserung der Übersicht wurden die einzelnen Kennzahlen kategorisiert und in Gruppen unterteilt (siehe Tabelle 2). Bei der Zusammenstellung wurde darauf geachtet, dass die Kennzahlen in hohem Maß auch auf klassische Infrastrukturkonzepte anwendbar sind, um Veränderungen, die beim Umzug in die Cloud unweigerlich stattfinden, besonders deutlich hervorheben zu können. Damit zielen die Kennzahlen nicht nur auf die Erfassung relevanter Größen im Cloud-Computing ab, sondern ermöglichen auch den infrastruktur-übergreifenden Vergleich der beiden Konzepte „Klassische IT" vs. „Cloud-Bezug".

Beim Cloud-Computing handelt es sich um eine Outsourcing-Form, bei der IT-Leistungen standardisiert bezogen werden. Dieses Sourcing-Modell bringt einige Besonderheiten und kritische Einflussfaktoren mit sich, die im klassischen IT-Betrieb nicht vorzufinden sind. Die definierten Kennzahlen sind dabei in ihrer Anwendbarkeit und Gültigkeit nicht ausschließlich auf Cloud-Größen beschränkt. Die Kennzahlen sollen vielmehr ein Bewusstsein für das Vorhandensein neuer Rahmenbedingungen und Einflussfaktoren schaffen, die der Wechsel von der klassischen zur Cloud-gestützten Infrastruktur mit sich bringt. Im Idealfall sind Cloud-Kennzahlen in beiden Paradigmen – also dem klassischen IT-Betrieb und dem Cloud-Betrieb – in unterschiedlicher Ausprägung präsent, sodass Stärken und Schwächen beider Konzepte gegeneinander abgewogen werden können.

5.3 IT-Benchmarking und Cloud-Computing

Kommunikationskennzahlen	• Verfügbare Bandbreite • Grad der Bandbreiten- auslastung • Relative Kommunikations- verfügbarkeit • Kommunikationslatenz	• Bereitstellungskosten pro Monat • Kosten pro Datenvolumen • Kosten für redundante Kommunikationsinfrastruktur
IT-Organisationskennzahlen	• IT-Gesamtkosten pro Umsatz • Hardwarekostenanteil an IT-Gesamtkosten • Kostenanteil externer Dienst- leister an IT-Gesamtkosten	• Administratorenquote • Administrationslastverteilung • Mittlere Problemlösungszeit • Supportbereitschaft • Supportlastverteilung
Anbieter-Scoring-Kennzahlen	• Branchenerfahrung in Jahren • Finanzielle Autonomie • Anbindung und Content Delivery	• Bandbreitenintervalle • Zertifizierung • Einräumung von Audit-Rechten
Dienstkennzahlen	• Relative Dienstverfügbarkeit • Reaktionszeit (Maß der Verzögerung)	• Datenverarbeitungsleistung • Grenzkosten je Leistungseinheit • Leistungsanpassungszeit
Server-Infrastrukturkennzahlen	• Hardwaregesamtkosten pro Monat • Rechenleistung	• Grenzkosten je Leistungseinheit • Softwaregesamtkosten pro Monat
Software- und Endgerätekennzahlen	• Hardwaregesamtkosten pro Monat	• Softwaregesamtkosten pro Monat
Datenschutz- und Sicherheitskennzahlen	• Verschlüsselung • Zugriffskontrolle • Datenstandort • Transaktionsprotokollierung • Dritt-Firmen-Beteiligung	• Schnittstellen- und Prozessdefinition • Sicherungsverfahren und -intervall • Desaster Recovery-Zeit

Tabelle 2: Cloud-Kennzahlen

Kennzahlen: Anbieter-Scoring

Kennzahlen für das Anbieter-Scoring sind besonders in der Planung und Entscheidungsfindung relevant. Sie sollen es dem Unternehmen ermöglichen, schon vorab geeignete Anbieter zu identifizieren (Anbieterauswahl), die auf Grundlage einiger Merkmale prinzipiell in der Lage sind, die geforderte Leistung zu erbringen. Diese Art von Kennzahl kann als Indikator für das Leistungspotenzial des Anbieters beziehungsweise für die Leistungserwartung an einen Anbieter dienen, auch wenn in diesem Zusammenhang noch keine Garantien ausgesprochen werden. Im laufenden Betrieb ist das Anbieter-Scoring von tendenziell geringerer Bedeutung. Es kann und sollte jedoch in bestimmten Abständen durchgeführt werden, um einen Überblick über das Angebot der einzelnen Akteure am Markt zu bekommen.

Kennzahlen: Kommunikation

Die Kommunikationsleistung und deren Kosten nehmen im Rahmen des Cloud-Computing einen neuen Stellenwert ein. In klassischen Infrastrukturkonzepten lässt sich in der Regel eine klare Grenze zwischen interner und externer Kommunikation ziehen. Die externe Bereitstellung vieler Dienste und deren Nutzung werden durch das Cloud-Computing zunehmend wichtiger und rücken die Anbindung an Netzstrukturen in den Fokus. Hierbei werden neue Anforderungen hinsichtlich Bandbreite, Datenvolumina, Verfügbarkeit und Latenzzeiten gestellt. Es existieren sachlogische Parallelen zu Größen des Anbieter-Scorings und der Dienstkennzahlen.

> Die Belastung und Verknüpfung von Netzwerken wird durch Cloud-Computing entscheidend beeinflusst.

Kennzahlen: Server-Infrastruktur

Die Server-Infrastruktur wird in wesentlichem Maße von einer Cloud-Implementierung beeinflusst und kann durch den „Umzug" in die Cloud schrumpfen oder in manchen Fällen sogar gänz-

5.3 IT-Benchmarking und Cloud-Computing

lich verschwinden. Ein zentraler Aspekt ist die genaue Erfassung und verursachungsgerechte Kontierung der entstehenden Kosten. Die Hardware-Gesamtkosten pro Monat umfassen sämtliche Kosten, die rund um die Beschaffung, die Wartung und den Betrieb der Server-Hardware anfallen. Die Rechenleistung unterteilt sich in Server-Rechenleistung und deren Speicherkapazität und ist direkt von den verfügbaren Ressourcen abhängig. Die Bemessung ist sehr mannigfaltig und wird beispielsweise von unterschiedlichen Prozessoren, der Anzahl der Prozessorkerne, der Taktraten sowie dem zur Verfügung stehenden Arbeitsspeicher beeinflusst.

Dies stellt sowohl für Anbieter als auch Abnehmer von Diensten und Anwendungsplattformen eine Herausforderung dar. Dem Anbieter fehlt ein geeignetes Maß zur Kennzeichnung und Differenzierung seiner Leistung. Dem Abnehmer hingegen fehlt ein Maß zur Angebotsdifferenzierung und Entscheidungsfindung. Entsprechende Normen, die eine vollumfängliche Leistungsbemessung ermöglichen würden, existieren nicht, weshalb sich unabhängige Institutionen wie die Standard Performance Evaluation Corporation (SPEC) und das Transaction Processing Performance Council (TPC) gebildet haben. Des Weiteren mangelt es an hinreichender Vergleichbarkeit zwischen den unterschiedlichen Standards, innerhalb derer es wiederum unterschiedliche Testverfahren gibt.

Der Server-Leistungs-Wert (SLWR) soll die Vergleichbarkeit unterschiedlicher Systeme gewährleisten.

In diesem Zusammenhang wurde der Server-Leistungs-Wert (SLWR) entwickelt – eine kalkulatorische Metrik, die eine Vergleichbarkeit zwischen unterschiedlichen Systemen ermöglicht. Die Berechnung ergibt sich aus der Anzahl der Prozessoren multipliziert mit der Anzahl der Kerne multipliziert mit der Taktfrequenz in MHz. Anschließend wird die Menge des Arbeitsspeichers in MB hinzuaddiert. Da die resultierenden Zahlen relativ groß ausfallen, bietet sich die Wiedergabe in kS (kiloSLWR) an. Dieser Wert lässt sich mit geringem Aufwand für verschiedene Plattformen und Dienste ermitteln, da er auf Größen beruht, die standardmäßig Teil der Leistungsbeschreibung sind.

Kennzahlen: Dienste

Die folgenden Kennzahlen beziehen sich auf die bereitgestellten Dienste und Applikationen. Ähnlich wie bei der Kommunikationsanbindung ist es notwendig, die Verfügbarkeit der Cloud-Dienste selbst zu erfassen und zu überwachen. Die Messung selbst verbessert die Verfügbarkeit nicht, hilft aber dabei, die zugesicherte Verfügbarkeit über Service-Level zu kontrollieren. Ergänzend muss die Dienst-Reaktionszeit erfasst werden, die wiederum in direktem Zusammenhang mit der zu messenden Reaktionszeit (oder Verzögerungszeit) des Kommunikationsmittels steht.

> Kunden müssen die Verfügbarkeit der Cloud-Dienste selbst erfassen und überwachen.

Eine Differenzierung der einzelnen Cloud-Ebenen ist aufgrund der verschiedenen Einheiten zur Leistungsbemessung notwendig. Auf IaaS-Ebene muss zwischen Speicher- und Rechenleistung unterschieden werden, da diese sowohl kombiniert als auch separat als Services angeboten werden. Die Buchung virtueller Maschinen umfasst beispielsweise beide Services, jedoch ist es auch möglich, lediglich Storage-as-a-Service zu beziehen oder fremde Server-Cluster ausschließlich für Berechnungen zu nutzen, wodurch eine Trennung sinnvoll ist.

Auf der Ebene von PaaS behalten Rechen- und Speicherleistung ihre Relevanz, werden aber um weitere Größen wie unterstützte Frameworks oder integrierte Entwicklungsumgebungen ergänzt. Bei SaaS ist die Zahl der gleichzeitig bedienbaren Nutzer ein zentrales Gütekriterium. Hier wird bei Hinzubuchung weiterer Nutzerkonten die notwendige Ressourcenverfügbarkeit vorausgesetzt. Die Systemleistung ist somit zweitrangig und wird lediglich auf Nutzungsaspekte wie Antwortzeiten oder die Uptime reduziert.

Kennzahlen: Software und Endgeräte

Die Konfiguration der Endgeräte ist unter Umständen auch von der gewählten Infrastrukturlösung abhängig. Die Gesamtkosten für die Endgeräte fallen hauptsächlich für die Anschaffung, die

5.3 IT-Benchmarking und Cloud-Computing

Wartung und den Betrieb der Hardware an, vergleichbar mit den Server-Kennzahlen. Unabhängig von der eingesetzten IT-Infrastruktur werden Endgeräte für die Nutzer benötigt. Zudem bestehen Interdependenzen zwischen der Nutzung von Cloud-Diensten und der Dimensionierung der Endgeräte. In der klassischen IT-Infrastruktur sind die Endgeräte eigenständig arbeitsfähige Einheiten, die genau aus diesem Grund in höherem Maß Speicher und Rechenleistung vorhalten müssen. Ein großer Teil der Arbeit erfolgt lokal und selbst Client-Server-Anwendungen überlassen einen Teil der Datenverarbeitung dem Client. Die Nutzung und Steuerung erfolgt bei Cloud-Diensten über den Browser, wodurch dieser zu einer universellen Client-Anwendung wird, die dem Nutzer die Verwendung entfernt vorgehaltener Ressourcen wie Speicher und Rechenleistung ermöglicht. Das Resultat sind tendenziell niedrigere Hardware-Anforderungen an die Endgeräte.

Der Browser-Zugang und die zentrale Wartung können große Einsparpotenziale im Bereich der Wartungskosten für Software freisetzen.

Als weiterer Aspekt gilt es die Software-Gesamtkosten zu berücksichtigen, die sich in Lizenz- und Wartungskosten unterteilen. Der Einsatz von IaaS bietet keine nennenswerte Auswirkung auf der Nutzerseite, sondern entfaltet seinen Vorteil eher Server-seitig (Server-Kennzahlen). Im Rahmen von PaaS werden aufgrund von Einsparungen bei bestehenden Entwicklungsumgebungen Vorteile erzielt. Hierbei wird dem Nutzer die Anschaffung, lokale Installation und Wartung erspart. Der einfache Zugang via Browser, aber vor allem die zentrale Wartung ermöglichen große Einsparpotenziale.

Kennzahlen: Datenschutz und Sicherheit

Die Dienstleistungsmodelle des Cloud-Computing lassen sich auf die drei Ebenen des IT-Outsourcing – Technologie, Anwendung und Prozess – übertragen und stellen auf der jeweiligen Stufe eine hochgradig standardisierte Form des IT-Sourcings dar. Abnehmer geben, je nach Art und Ausmaß des Einsatzes von Cloud Services, einen Großteil der Kontrolle an den Anbieter ab. Dies geschieht in der Regel nicht unbedacht, detaillierte Verträge und definierte transparente Prozesse spielen hier eine wichtige Rolle.

Besonders Merkmale hinsichtlich Datenschutz und IT-Sicherheit sind kritische Erfolgsfaktoren von Cloud-Implementierungen. Diese Kriterien beeinflussen nicht nur die Wahl des Anbieters, sondern auch die Entscheidung für oder gegen die Cloud. Die Erhebung von Daten in diesem Bereich ist also von hoher Wichtigkeit, auch wenn ein Teil der gesammelten Informationen keinen Kennzahlen-Charakter hat, sondern als Indikatoren zu verstehen sind. So kommt es, dass besonders in dieser Kennzahlenkategorie vereinzelt Größen auftauchen, die auf Fallunterscheidungen basieren und nur diskrete Ausprägungen annehmen.

Kennzahlen: IT-Organisation

Die IT-Organisationskennzahlen erfassen übergeordnete Größen aus unterschiedlichen Bereichen und liefern Kennzahlen hinsichtlich der gesamten IT-Struktur. Der Zusammenhang zur verwendeten Infrastruktur ist nicht immer offensichtlich, besteht jedoch indirekt. Es werden die primären Unternehmensziele wie Wettbewerbsfähigkeit, Umsatzsteigerung und Kosteneinsparung abgebildet, zu denen aggregierte Kosten und Personalaspekte gehören. Die hier relevanten Kennzahlen sind größtenteils auch im klassischen IT-Umfeld zu finden.

AUSBLICK

Die vorgestellten Kennzahlen decken die wichtigsten Bereiche der IT-Infrastruktur ab, die beim Umstieg auf Cloud-Services zu beachten sind. Einige Kennzahlen eignen sich mehr für die Erfassung von Zuständen innerhalb der Cloud als in der klassischen IT-Infrastruktur. Dadurch werden sie jedoch nicht zu prädestinierten Cloud-Kennzahlen, sondern fokussieren lediglich die Erfassung von Zuständen innerhalb entfernt betriebener und serviceorientierter Systeme. Das heißt, dass viele der angeführten Kennzahlen auch in anderen Bereichen sinnvoll einsetzbar sind.

5.3 IT-Benchmarking und Cloud-Computing

Im Cloud-Computing spielen Standards eine wichtige Rolle, haben aber noch keine große Marktdurchdringung erreicht. Somit verwundert es nicht, dass bislang im Rahmen des Cloud-Computing kein umfassender Standard existiert. Demgegenüber sind einzelne Initiativen und Verbände zu berücksichtigen, die entweder sehr spezifisch-technische oder generisch-wirtschaftliche Standards entwickeln. Die erfolgreiche Durchsetzung eines Standards ist zudem an die Vernetzung und Größe des treibenden Konsortiums gebunden und wird maßgeblich von der Zielsetzung beeinflusst. Vorhandene Standardisierungsbemühungen decken oft nur einzelne Teilbereiche ab oder sprechen nur kleine Kundengruppen an. Zukünftig wird es wohl darauf hinauslaufen, dass sich mehrere Standards von größeren Zusammenschlüssen aus Industrie und Forschung nebeneinander etablieren werden. Unter diesen muss sich der Kunde dann entscheiden, welcher Standard eingesetzt wird. Aufgrund dessen, dass die Durchsetzung von Standards ein Benchmarking erleichtert, aber dieses nicht überflüssig macht, bleibt es für Kunden dennoch interessant, Vergleichskriterien oder Rankings einzelner Anbieter und Dienste zu nutzen.

Standards erleichtern ein Benchmarking, machen es aber nicht überflüssig.

Um das Potenzial des Cloud-Computing vollständig auszuschöpfen, ist ein Benchmarking der Dienste unumgänglich. Einerseits muss sich der Kunde auf Qualitätszusagen des Anbieters verlassen können und gleichermaßen sicherstellen, dass diese Aussagen eingehalten werden. Andererseits müssen Standards und Richtlinien im Cloud-Computing verankert werden, die einen Vergleich ermöglichen und dem Kunden die nötige Sicherheit geben. Das Thema Cloud-Benchmarking wird erwartungsgemäß mit zunehmendem Marktwachstum weiter an Bedeutung gewinnen. Zu beachten ist, dass größere Anbieter ein Benchmarking nur so lange unterstützen werden, wie deren eigene Außenwirkung positiv ist. Somit stellt sich zum einen die Frage, wie Unternehmen langfristig ermutigt werden können, an Cloud-Benchmarks teilzunehmen. Zum anderen muss geklärt werden, wie eine dauerhafte und aktuelle Vergleichsbasis gewährleistet werden kann.

IT-KENNZAHLENSYSTEME

von Rainer Tesche

Kennzahlen stellen als Erweiterung des herkömmlichen Berichtswesens eine überaus effiziente Möglichkeit dar, sich schnell einen Überblick über einen Bereich (hier: IT) zu verschaffen und gleichzeitig Handlungsfelder zu identifizieren. Kennzahlen sorgen somit als wichtiges Management-Instrument für die notwendige Transparenz im IT-Bereich. Häufig werden mit dem Schlagwort Kennzahlensysteme lediglich oberflächliche Top-Level-Kennzahlen in Verbindung gebracht, wie sie leider meist in Balanced Scorecards verwendet werden. Dieses Kapitel soll zeigen, welche Vielfalt möglich und wie groß das Potenzial von Kennzahlen tatsächlich ist. Dabei werden sowohl die unterschiedlichen Strukturen und Kategorien als auch die Vorgehensweise zur Einführung und die spätere Nutzung anhand konkreter Beispiele beschrieben.

ARTEN VON IT-KENNZAHLEN

In einem optimal abgestimmten IT-Kennzahlensystem berichten IT-Kennzahlen periodisch den Status der IT-Leistungen. Sämtliche Mengengerüste wie Server, Transaktionen, GB Speicher, Anwender oder Incidents zeigen die Unterschiede zur Vorperiode beziehungsweise zu den Sollwerten. Gleichzeitig werden die wichtigsten Aufwands-/Kostendaten sowie deren Einflussfaktoren berichtet. So erhält der IT-Manager beispielsweise Werte zu den Stückkosten einzelner Services (z. B. Kosten pro GB File-Speicher) sowie Informationen zur Anzahl unterschiedlicher Client-Konfigurationen, Betriebssysteme oder Hardware-Typen.

Nur mit der Gesamtheit aller Informationen erhält das IT-Management das nötige Instrumentarium zur Analyse, Steuerung und Kontrolle der IT. Ein weiterer, wesentlicher Vorteil liegt in der Benchmarkfähigkeit der ermittelten Kennzahlen. Moderne Benchmark-Dienstleister sind heute in der Lage, auch individuelle Kennzahlen einem Vergleich zu unterziehen, indem die Berechnungsregeln jeder einzelnen Kennzahl auf die Basisinformationen von Vergleichsunternehmen (Peers) angewendet werden. Somit sind jederzeit genaue Standortbestimmungen möglich, ohne dass ein interner Aufwand – etwa für die Datenerfassung – wie bei herkömmlichen Benchmarks nötig wird.

KPIs und KGIs

IT-Kennzahlen unterscheiden sich in Key Performance Indicators (KPI) und Key Goal Indicators (KGI). Allerdings können Kennzahlen gleichzeitig KPI und KGI sein. Letztere messen und berichten eine Zielerreichung wie beispielsweise den Prozentsatz aller IT-Prozesse, die einen Reifegrad größer 3,5 (Zielwert) erreichen, den Anteil der eingesetzten Softwareprodukte, die dem Standard entsprechen (Zielwert: > 90 %), den Anteil des Fremdpersonals (Zielwert: 15–25 %) sowie die Anzahl der Changes, die nicht über das Standard-Change-Management abgewickelt werden (Zielwert: < 5 %; später Zielwert: 0 %).

Hingegen messen und berichten KPIs die Wirkung von Treibern. Sie können unabhängig von strategischen Zielen (und deshalb standardisiert) sein. KPIs sind deutlich verbreiteter. Unternehmen haben sich spezielle Regeln oder Definitionen zu KPIs überlegt. Sinnvolle Anforderungen an ein KPI spiegeln sich in der folgenden Struktur wider.

5.4 IT-Kennzahlensysteme

Ein KPI

- benutzt gemessene Basis-Daten, die einzeln berichtet oder in ein Verhältnis zueinander gesetzt und somit verdichtet werden;
- dient dazu, Werte miteinander zu vergleichen oder Werte einem Sollwert gegenüberzustellen;
- ist präzise in definierten Zeitintervallen messbar und verursacht für die Messung und Weiterverarbeitung nur angemessenen Aufwand;
- ist für den gesamten Betrachtungszeitraum messbar beziehungsweise verfügbar;
- misst Status oder Veränderung eines Wertetreibers;
- ist leicht verständlich und lädt nicht zu Fehlinterpretationen ein;
- deckt das Informationsbedürfnis der Empfänger;
- hat einen Referenz-/Sollwert;
- ist benchmarkfähig.

KPIs müssen nicht zwangsläufig aus komplexen Berechnungen oder Verhältnissen bestehen. So kann beispielsweise die „Anzahl logischer Server" als berichtete Leistungsmenge bereits als KPI bezeichnet werden. KPIs sind ebenso wie ihre Wertetreiber einzelnen Kategorien zugehörig.

KATEGORIEN VON KPIS

Leistungsmengen

Leistungsmengen (Volumen) treiben den Aufwand und enthalten Economy-of-scale-Effekte. Beispiele sind die Anzahl der Server, der genutzten GB Storage, der Anwender oder der Incidents pro Zeiteinheit. Als KPI wird häufig die Veränderung definiert, also etwa das

---

Aufwandstreiber bezeichnen Einflussfaktoren, deren Änderung eine Auswirkung auf Aufwand/Kosten zeigt.

„Wachstum der Server im vergangenen Jahr: 20 %". Mengentreiber, die starke Aufwandstreiber sind, werden üblicherweise zur Stückkostenberechnung und/oder Leistungsverrechnung herangezogen. Beispiel: „Kosten pro GB".

> Mengentreiber bezeichnen Einflussfaktoren, die sich durch Menge/Volumen (bzw. deren Änderung) definieren. So stellt die Anzahl der Postfächer einen wesentlichen Einfluss auf Organisation und Aufwände eines Mail-Services dar und ist folglich ein Mengentreiber.

Finanzen

Finanzkennzahlen sollen die finanzielle Situation einer IT-Organisationseinheit, einer IT-Funktion, eines IT-Prozesses oder eines IT-Services darstellen. Üblich sind hier entsprechend IT-Stückkosten wie die Kosten pro E-Mail-Postfach, aber auch Veränderungs-KPIs wie die „Veränderung der Kosten des IT-Betriebes" (Ziel: -15 %). Außerdem können Finanzkennzahlen (als Drill-Down) zur Analyse von Kostenveränderungen mitgeführt werden – beispielsweise der durchschnittliche Tagessatz für externe Mitarbeiter.

Qualitätsanforderungen

Die qualitativen Anforderungen an IT-Leistungen werden meist in Service-Level-Agreements (SLAs) festgeschrieben. Die Werte stellen ebenfalls Kennzahlen dar, wie beispielsweise Verfügbarkeit, Servicezeit oder Reaktionszeit. Hierbei ist eine Abgrenzung wichtig: In SLAs werden nur Soll-Werte berichtet, die den Ressourceneinsatz treiben (Beispiel: Einsatz Server-Cluster aufgrund hoher Verfügbarkeitsanforderung) – die tatsächlichen Ist-Werte des Betriebs fallen in die KPI-Kategorie „Interne Qualität" (s.u.).

> Mengentreiber sind meist auch Aufwandstreiber, ebenso wie Komplexitäts- und Qualitätstreiber.

Komplexität

Hier werden wesentliche Aufwandstreiber berichtet, die vom Ursprung her

- technische Komplexität darstellen, wie z. B. die „Anzahl eingesetzter, unterschiedlicher Betriebssystemversionen"

5.4 IT-Kennzahlensysteme

- organisatorische Komplexität abbilden, wie z. B. „Anzahl am Prozess beteiligter Organisationseinheiten"
- Anwendungs-/Business-Komplexität repräsentieren, wie z. B. „Anzahl Schnittstellen zu anderen Anwendungen"

Kundenzufriedenheit

In vielen Unternehmen findet die Kundenbefragung einmal pro Kalenderjahr statt. In unterschiedlicher Detaillierung wird etwa die Serviceorientierung der IT, die Kompetenz der IT-Mitarbeiter oder die Effektivität der eingesetzten Software abgefragt. Zusätzlich können aber auch Fragen wie „Anzahl Minuten Arbeitsausfall aufgrund von IT-Problemen" aufgenommen werden.

Produktivität

Eine wichtige Kategorie zur Darstellung der Effizienz stellen die Produktivitätskennzahlen dar. Hier werden die Leistungen je Ressource berechnet wie zum Beispiel die „Anzahl bearbeiteter Calls je Agent im Service-Desk". Werden als Ressource Hardware-Komponenten verwendet, spricht man von „Auslastung". Beispiele sind die „Anzahl belegter GB pro installierten GB" oder „verbrauchte CPU-Sekunden pro theoretisch möglichen CPU-Sekunden Mainframe".

Interne Qualität

Im Gegensatz zur Kategorie „Qualitätsanforderungen" wird hier die tatsächlich vorhandene Qualität berichtet. Entsprechend finden Kennzahlen Verwendung, wie:

- Reifegrad des Prozesses
- Prozentsatz abgebrochener Transaktionen

- Ist-Verfügbarkeit
- Anzahl technischer, Anwender- oder Applikations-Fehler

Automation

Besonders im operativen Bereich spielt Automation zur Erreichung von Effizienz eine wichtige Rolle. Entsprechend werden speziell Prozesse, in denen (hohe) manuelle Aufwände anfallen, über Kennzahlen gesteuert. Beispiele sind der Anteil automatisch generierter Test-Szenarien in Prozent, der Anteil automatischer Batch-Abläufe in Prozent und der Anteil automatischer Software-Verteilungen. Jedoch lassen sich auch Kennzahlen mit umgekehrten Vorzeichen erheben, etwa der Anteil manuell überwachter Schnittstellen oder der Anteil manuell durchgeführter File-Transfers.

> Die Balanced Scorecard (BSC) beschreibt eine Methode zur Messung, Dokumentation und Steuerung einer Organisation mittels strategischer Kennzahlen und wurde Anfang der 1990er-Jahre von Kaplan/Norton entwickelt.

Mitarbeiter

In den meisten BSCs wurde der Punkt „Mitarbeiter" als eigene Perspektive aufgewertet. Unserer Erfahrung nach ist es besser, speziell für IT-BSCs die Perspektive auf „Chancen und Risiken" zu erweitern. In diesem Umfeld stellen die Mitarbeiter sowohl Chance als auch Risiko dar. Berichtet werden sollte der Wirkungsgrad, die wichtigsten Kennzahlen sind daher:

- Motivation der Mitarbeiter als Ergebnis der Zufriedenheit
    - mit dem Vorgesetzten
    - mit dem Gehalt
    - mit der Tätigkeit
    - ...
- Anzahl Schulungstage pro Mitarbeiter
- Fluktuation

Zusätzlich können Kennzahlen aus einer Skill-Matrix abgeleitet werden. Hier werden Ist-Skills und Soll-Skills gegenübergestellt.

Berichtet wird daraus beispielsweise das Verhältnis von Systemtechnikern zu Systemingenieuren.

IT-Governance

IT-Governance bezeichnet die Organisation, Steuerung und Kontrolle der IT eines Unternehmens durch das Top-Management zur konsequenten Ausrichtung der IT-Prozesse an der Unternehmensstrategie. Die Kennzahlen dieser Kategorie repräsentieren zusätzliche Anforderungen an die IT-Steuerung, wie den:

- Anteil der IT-Ziele, abgeleitet aus den Business-Zielen;
- Anteil der betreuten Business-Units im IT-Lenkungsausschuss;
- Anteil der betreuten Business-Units im IT-Strategy-Board;
- Anteil der betreuten Business-Units, die einen CIO stellen;
- Anteil der IT-Services, die einem IT-Kosten-Controlling unterliegen;
- Anteil der IT-Services, die einem IT-Produkt-Controlling unterliegen;
- Anteil der IT-Services mit regelmäßigen Benchmarks.

IT-Risiken

Genau wie die IT-Governance gehören auch die IT-Risiken zu einer neuen Kategorie im Kennzahlengerüst. Aufgrund der großen Bedeutung sind bereits einige Unternehmen dazu übergegangen, diese Kategorie als eigene Perspektive in einer BSC abzubilden. Die Inhalte von IT-Risiken können recht umfangreich sein, so findet man hier auch Themen wie Security, Katastrophenschutz, Reifegrad der IT-Prozesse, Technologieeinsatz und Mitarbeiter. IT-Mitarbeiter wurden bereits als eigene Kategorie angegeben, sie können aber auch unter IT-Risiken (besser: Chancen & Risiken) zusammengefasst werden. Typische Kennzahlen bei den IT-Risiken sind:

- Durchschnittliches Alter der eingesetzten Hardware
- Anzahl eingesetzter HW- oder SW-Komponenten, für die keine Herstellerwartung mehr angeboten wird
- Anzahl der kritischen Anwendungen, für die ein wirksamer Katastrophenschutz nachgewiesen (getestet) wurde
- Durchschnittlicher Reifegrad der IT-Prozesse (z. B. nach Capability Maturity Model (CMM))
- Schulungstage pro IT-Mitarbeiter oder
- Anzahl der Sicherheitsverletzungen, die zu Ausfällen von IT-Services geführt haben

EINSATZMÖGLICHKEITEN UND ZIELE

Ziel eines Kennzahlensystems ist zumeist die Schaffung einer Methodik zur Bewertung und zum Management von Prozessen, Funktionen oder Organisationen der IT. Erwartet wird eine Ergänzung der klassischen Kostenkennzahlen durch weitere Indikatoren (Leistungskennzahlen, Qualitätskennzahlen, Komplexitätskennzahlen etc.). Außerdem sollen die kritischen Erfolgsfaktoren respektive Wertetreiber (Kostentreiber, Leistungstreiber, Chancentreiber, Risikotreiber) identifiziert werden. Zu den Perspektiven zählen Kosten, Chancen und Risiken, Kundenzufriedenheit und -nutzen, interne Prozesse, Innovationen, Technologieeinsatz und Governance.

Effizientes Berichtswesen

Das Berichtswesen besteht bei den meisten Unternehmen aus einer Unmenge von technischen Einzelinformationen, denen häufig Struktur und Aussagekraft fehlt. Ein gezieltes Reporting der Wertetreiber wie Leistungsmengen, Komplexitäten und Qualitäten führt zu einer deutlich höheren Transparenz. Leider können die Abhängigkeiten in Ursache-Wirkungsketten nicht mathematisch präzise dargestellt werden (was oft von einer BSC erwartet wird). Übrig bleibt das Reporting abhängiger Treiber, welches häufig als Drill-Down-Struktur realisiert wird.

5.4 IT-Kennzahlensysteme

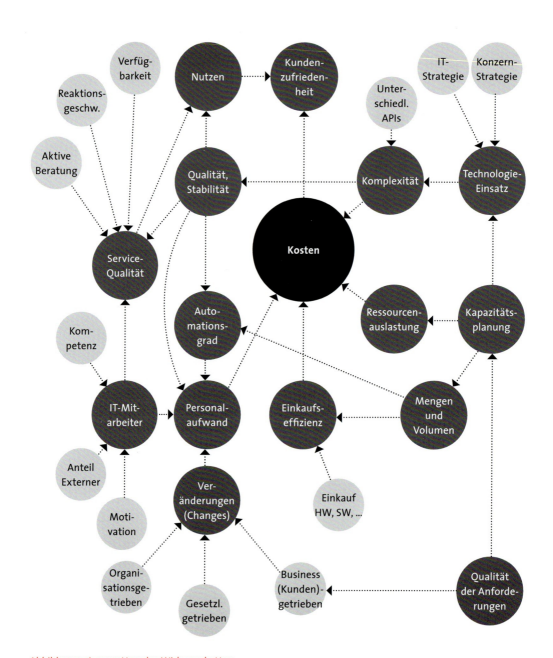

Abbildung 1: Auszug Ursache-Wirkungsketten

5.4 IT-Kennzahlensysteme

Operative Kennzahlen	Ist	Soll	Delta
Produktivität			
Personalproduktivität			
Anzahl GB Speicher pro FTE Speichermanagement	344,4	375,0	-8,1 %
Anzahl Applikationen pro FTE Prozess- und Systementwicklung	12,8	12,5	2,0 %
...	...	...	...
HW-Produktivität			
Anzahl Server pro 10.000 User	8,02	8,31	-3,5 %
Anzahl GB Speicher pro 10.000 User	710,2	688,4	3,2 %
Anzahl Netzwerke und Security-Objekte pro 10.000 User	14,7	14,6	0,5 %
...	...	...	...
Finanzen			
IT-Kosten pro User	102,0	101,7	0,3 %
IT-Kosten pro ...	14,1	14,5	-2,8 %
...	...	...	...
Komplexität			
Anzahl Calls pro User	1,01	0,96	4,6 %
Anzahl Incidents pro 10.000 User	13,3	11,5	15,8 %
...	...	...	...
Ressourcen			
Anteil FTEs Leistung Informationssysteme an Gesamt-IT-FTEs in %	13,8 %	14,3 %	-3,4 %
Anteil FTEs Support und Administration an Gesamt-IT-FTEs in %	31,0 %	28,6 %	8,6 %
Anteil externer FTEs an Gesamt-IT-FTEs	27,6 %	28,6 %	-3,4 %
...	...	...	...

Als Dashboard oder auch IT-Cockpit werden meist Kennzahlensysteme bezeichnet, die ähnlich der BSC strategischen Charakter haben, also mit Top-Level-Kennzahlen bestückt sind, aber nicht unbedingt Rahmen und Vorgehensweise einer BSC nutzen. Dashboards lassen sich somit sehr viel freier an eine individuelle Organisation anpassen.

Abbildung 2: Operative Kennzahlen als Berichtswesen

Die Kennzahlen selbst werden typischerweise im Vergleich dargestellt, wobei als Vergleichsgröße Soll-Werte, Werte des letzten Auswertungszeitraumes oder auch Marktvergleichswerte (aus einem Benchmark) herangezogen werden.

5.4 IT-Kennzahlensysteme

Management-Werkzeug

IT-Kennzahlensysteme dienen der Analyse, Planung, Steuerung und Überwachung von Organisationseinheiten, Funktionen, Prozessen, Services und Outsourcing-Beziehungen.

Planung IT-Budget

In vielen IT-Organisationen werden die IT-Budgets einfach aus dem Vorjahr abgeleitet (z. B. Vorjahr plus zehn Prozent oder aber auch Vorjahr -15 Prozent in Rezessionszeiten). Professioneller ist es, das IT-Budget aus geplanten Business-Mengen (Anwender, Transaktionen etc.), IT-Mengen (Anzahl GB, Anzahl CPU-Sekunden Mainframe etc.) und über IT-Stückkosten oder IT-Preise herzuleiten. Auch hierfür werden Kennzahlen benötigt.

Steuerung Mitarbeiterziele

Insbesondere Führungskräfte werden häufig über Ziele gesteuert. Die Erreichung der Ziele ist dann mit der Zahlung von Boni verbunden. Zur Planung, Steuerung und Kontrolle dieser Mitarbeiterziele können beispielsweise folgende Kennzahlen Verwendung finden:

- Verbesserung der Stückkosten in Prozent
- Verbesserung der Produktivität in Prozent
- Verbesserung der Kundenzufriedenheit
- Verbesserung der Einhaltung von SLAs (z. B. Verfügbarkeiten, Erreichbarkeiten, Problemlösungszeiten etc.)
- Verbesserung der internen Qualität (z. B. geringe Fehlerraten)
- Reduktion von technischer Komplexität (z. B. durch Standardisierung, Konsolidierung etc.)

Bestimmung der Effektivität

Kennzahlen zur IT-Effektivität können nur mit der Fachseite gemeinsam ermittelt werden. Dazu müssen außer den Business-Prozessen und Geschäftsvorfällen zunächst die kritischen Erfolgsfaktoren (Wertetreiber) bestimmt werden. Folgt man der Annahme, dass die IT den Business-Prozess verbessert, so erfolgt dies über die

- Reduktion des (Sachbearbeiter-)Aufwandes (Personalkosten)
- Reduktion der Prozess-Laufzeit
- Reduktion von Fehlern (Verbesserung der internen Qualität)
- Verbesserung der (externen) Kundenzufriedenheit durch
  - bessere interne Qualität
  - schnellere Prozesse
  - günstigere Kosten
  - besseren Service, z. B. durch zusätzliches Auskunftssystem

Daraus können dann (je Geschäftsprozess) Kennzahlen abgeleitet werden wie der Personalaufwand je Geschäftsvorfall, die Prozesslaufzeit je Geschäftsvorfall, die Fehler (logisch, technisch) je Geschäftsvorfall und die Gesamtkosten (IT plus direkte Kosten) je Geschäftsvorfall.

ARTEN VON KENNZAHLENSYSTEMEN

Strategische Kennzahlensysteme

Häufigster Vertreter der strategischen Kennzahlensysteme ist die Balanced Scorecard (BSC). Hier werden nach Kaplan/Norton in einem Top-Down-Ansatz aus Zielen Wertetreiber und aus Wertetreibern Kennzahlen abgeleitet. Die Kennzahlen werden anschließend den vier Perspektiven „Finanzen", „Kunde", „Prozesse" und „Mit-

5.4 IT-Kennzahlensysteme

arbeiter" zugeordnet. Die „Mitarbeiter"-Perspektive – im Original „Learning and Innovation" – sollte speziell für IT-BSCs in „Chancen & Risiken" umdefiniert werden, damit weitere bedeutende Treiber der IT nicht verloren gehen.

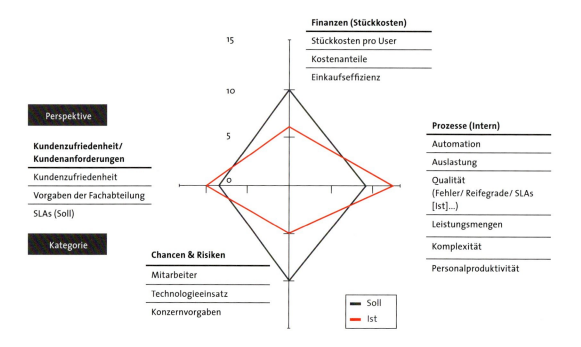

Abbildung 3: Die vier Perspektiven einer IT-Balanced Scorecard

Durch das Scheitern einer Vielzahl von BSC-Projekten werden heute strategische Kennzahlensysteme häufig eher als IT-Dashboard oder einfach nur „Top-Level-Kennzahlenmodell" bezeichnet. Deren Strukturen folgen dann eher der eigenen Organisation als den Vorgaben von Kaplan/Norton. So können beispielsweise operative Kennzahlen auf der Ebene der Applikationen bis hin zur Gesamt-IT verdichtet werden.

5.4 IT-Kennzahlensysteme

	Kosten				Mengen				Qualität		...
	Stück-kosten	Verän-derung in %	Gesamt-kosten	Verän-derung in %	Anzahl User	Verän-derung in %	Chan-ges	Verän-derung in %	Fehler	Verän-derung in %	...
Gesamt	32,78 €	0,11 %	68.963 €	0,69 %	2104	4,10 %	52	-6,90 %	67	-6,90 %	
App01	12,54 €	**-1,20 %**	11.856 €	1,80 %	945	2,50 %	14	2,80 %	7	-5,20 %	
App02	7,35 €	**1,42 %**	6.832 €	1,60 %	530	0,00 %	27	**-10,40 %**	23	**17,30 %**	
...											

Abbildung 4: Kennzahlen für Applikationen

Als weitere Kategorien für Kennzahlen sind denkbar: Leistungen, Personaleinsatz, Kundenzufriedenheit, Mitarbeiterkompetenz, Alter der Anwendungen oder der Prozentsatz der Neuentwicklung.

Operative Kennzahlensysteme

Operative Kennzahlen werden auf der Ebene von IT-Funktionen, IT-Prozessen oder IT-Services benötigt, um diese zu steuern. Im Gegensatz zu den strategischen Kennzahlensystemen findet sich hier eher der „Bottom-up"-Ansatz. Die meisten IT-Ziele sind in allen Unternehmen gleich: hohe Qualität bei geringen Kosten. Lediglich die Priorisierung oder Gewichtung fällt unterschiedlich aus. Entsprechend lassen sich Standard-Wertetreiber (z. B. technische Komplexität) über Standard-KPIs (z. B. Anzahl eingesetzter, unterschiedlicher Betriebssysteme) definieren. So können Service-Verantwortliche IT-Stückkosten im Verhältnis zu Produktivitäten und den wichtigsten Aufwandstreibern steuern. Zudem können diese Kennzahlen ohne weiteren Aufwand mit dem Markt verglichen werden (Benchmarking).

VORGEHENSWEISE ZUM AUFBAU VON KENNZAHLENSYSTEMEN

Während der Design-Phase eines Kennzahlensystems werden Ziele sowie Wertetreiber analysiert und daraus treffende Kennzahlen abgeleitet. Unter den Zielen für einen IT-Bereich befinden sich in der Regel immer „hohe Qualität" und „geringe Kosten". Aus diesen Standardzielen lassen sich bereits viele Standard-Wertetreiber ableiten, die nicht für jede IT Organisation neu erfunden werden müssen.

Abbildung 5: Prozess zur Entwicklung von Kennzahlensystemen

Als Ergebnis der Design-Phase sollte eine Dokumentation der Kennzahlen vorliegen. Häufig wird als Form dieser Dokumentation das „KPI-Handbuch" gewählt.

Während der Design-Phase ist die spätere Implementierbarkeit der Kennzahlen bereits ein wichtiges Kriterium. Jede Kennzahl sollte entweder automatisch oder mit vertretbarem, geringem Aufwand aus vorhandenen Basis-Daten errechenbar sein. Kontrolliert wird dies über einen Testlauf des Kennzahlenmodells. Anschließend werden die Anforderungen an eine zyklische Kennzahlenberechnung, insbesondere die Datenquellen und

Phase	Aktivitäten	Ergebnis
Struktur/ Design	• Ermittlung Wertetreiber • Ermittlung KPIs	• KPI-Handbuch
Implementierung	• Einmalige Datenerfassung • Einmalige KPI-Berechnung • Implementierungvorschlag • Implementierung	• KPI-Modell (Excel) • Implementierungs-Handbuch
Benchmarking	• Aufbereiten von Referenz-KPIs • Durchführung Vergleich • Interpretation Abweichungen	• Standortbestimmung • Empfehlung zum weiteren Vorgehen

Abbildung 6: Phasenkonzept zur Einführung von IT-Kennzahlen

die nötigen Prozessschritte, als Implementationsplan dokumentiert. Die Implementierung schafft schließlich die Voraussetzung für eine möglichst automatisierte Kennzahlenbestimmung.

Um Sollwerte und den allgemeinen Standort zu bestimmen, ist ein Marktvergleich (Benchmark) der IT-Kennzahlen hilfreich. Im Vergleich zum Standard-Benchmark fallen keinerlei Erfassungsaufwände mehr an, eventuelle Normierungsaufwände werden auf den Benchmarker verlagert.

FAZIT

Eine Steuerung der IT ohne wirkungsvolle Kennzahlen ist heutzutage kaum noch möglich. Allerdings gibt es kein einheitliches Kennzahlensystem, das sich für alle Anwendungsbereiche nutzen lässt. Erfolgreiche IT-Kennzahlensysteme sind mit den bestehenden IT-Organisationseinheiten, IT-Funktionen, IT-Prozessen und IT-Services synchronisiert. Finanzkennzahlen wie Stückkosten werden in der Leistungsverrechnung weiterverwendet. Prozess- und Service-Verantwortliche steuern ihre Bereiche über operative Kennzahlen. Diese wiederum bilden die Drill-Down-Struktur für strategische Kennzahlensysteme wie BSCs oder Dashboards.

BENCHMARKS ALS BASIS FÜR CHANGE-SZENARIEN

von Kai Nowak

Ob RZ-Konsolidierung, Outsourcing oder Virtualisierung: IT-Manager sollten vorab in Erfahrung bringen, ob sich eine strategische Entscheidung für das Unternehmen rentiert. Auf Basis von normierten Benchmark-Daten lässt sich erkennen, wie sich das geplante Change-Szenario in anderen Organisationen gerechnet hat. Dadurch können Manager fundierte Entscheidungen treffen und Risiken minimieren.

Ein traditioneller IT-Benchmark wird in der Regel als Instrument für die Standortbestimmung genutzt: Wie steht meine IT-Orga-nisation im Vergleich mit anderen Unternehmen da, wo sind die Stärken und Schwächen? Im Wesentlichen wird hierbei der Ist-Zustand erhoben und in Relation zu einem Satz von Kennzahlen gestellt, der ein IT-Segment umfassend abbildet. Damit lässt sich ziemlich genau klären, wo ein Unternehmen steht – bei den PC-Kosten beispielsweise unter dem durchschnittlichen Betrag der Vergleichsgruppe, in der Rechenzentrumsinfrastruktur jedoch darüber.

Das erste inhaltliche Schlagwort in diesem Zusammenhang ist zumeist „Konsolidierung", denn es erscheint logisch, dass konsolidierte Rechenzentren effizienter geführt werden können. Dieses Bauchgefühl ist jedoch trügerisch, denn Effizienz allein reicht als Kriterium für eine vernünftige Entscheidung nicht aus. Für ein vollständiges Bild müssen die Transitionskosten und auch die Risiken einer Veränderung im laufenden RZ-Betrieb in die Kalkulation mit einfließen.

Hinzu kommt der häufig unterschlagene Faktor der Kostenremanenz, also die vorerst bleibenden Kosten. In vielen Business Cases und Change-Szenarien wird damit kalkuliert, dass bestehende Kosten in einem konsolidierten Szenario auf Knopfdruck entfallen. Doch nicht alle Aufwände lassen sich umgehend zum Stichtag herunterfahren. Hierzu zählen beispielsweise die Kosten für Mitarbeiter oder Gebäude. Auch überlappen sich Phasen, in denen alte und neue Kosten gleichzeitig anfallen, sodass in den ersten Monaten oder manchmal Jahren die Kosten höher als zuvor ausfallen.

In einem Business Case können aktuelle und zukünftige Technologien in Form von Cash-Flows zusammengeführt werden. Hierbei werden die jeweilgen Kosten für Personal, Hardware und Software, aber auch die Projektkosten (beispielsweise für Veränderungen an den Applikationen, Umzug, Investitionen in Infrastruktur und Schulungen), verteilt auf einen vorher festgelegten Zeitraum, gegenübergestellt:

> Gerne wird ausgeblendet, dass Einsparungen erst mit Zeitverzögerung eintreten und zunächst Mehrkosten entstehen.

- Investitionen üblicherweise über den Abschreibungszeitraum;
- Projektkosten entsprechend der Planung. Sie können jederzeit bei neuen Erkenntnissen im Business Case angepasst werden;
- Aktuelle Kosten für Personal, Hardware und Software entsprechen den Ist-Kosten;
- Kosten der künftigen Infrastruktur aus dem Change-Szenario;

Führt man oben genannte Kosten zusammen, lassen sich die Cash-Flows in den einzelnen Perioden ablesen.

Wesentlicher nächster Schritt ist die Implementierung von Kennzahlen, die eine Bewertung verschiedener Change-Szenarien ermöglichen. Üblicherweise werden ROI, NPV oder IRR genutzt. Dabei sollten identische Parameter (z. B. für die Abzinsung) bei unterschiedlichen Projekten genutzt werden, damit die einzelnen Maßnahmen vergleichbar sind. Die Kennzahlen geben abschließend Auskunft über die Sinnhaftigkeit von unterschiedlichen Projekten

5.5 Benchmarks als Basis für Change-Szenarien

Der Return on Investment (auch Return on Invest = ROI) beschreibt üblicherweise das prozentuale Verhältnis aus dem Gewinn und dem dafür eingesetzten Kapital.

Der Net Present Value (Nettobarwert = NPV) ist eine Kennzahl zur Berechnung der Wirtschaftlichkeit von Projekten. Beim NPV werden künftige Erträge auf den aktuellen Zeitpunkt umgerechnet, wodurch sich die Kapitalwerte unterschiedlicher Szenarien vergleichen lassen.

Die Internal Rate of Return (Interne Zinssatz-Methode = IRR) wird zur Berechnung der durchschnittlichen Rendite mehrjähriger Projekte mit unregelmäßigen Erträgen genutzt. Sie zeigt an, ob eine Investition für ein Unternehmen (im Vergleich zu alternativen Investitionen) vorteilhaft ist.

und weisen auf Priorisierungen im Projektportfolio hin. Denn auch wenn ein Projekt effizient durchgeführt wird, entscheidet letztendlich Effektivität über den Erfolg. Für ein Unternehmen kommt es entscheidend darauf an, diese Mechanismen realistisch abzubilden. Basieren die Kalkulationen des ROI, NPV oder IRR auf falschen Grundannahmen, ist der Business Case nicht nur falsch, sondern im schlimmsten Fall das Projekt auch noch riskant.

Angesichts der Unsicherheit, ob sie auch die richtige Strategie verfolgen, wollen Unternehmen im Idealfall ein Stück in die Zukunft blicken. Ihr Ziel ist es, Optionen für die Zukunft genauer einzugrenzen und die optimale Route für die Fortentwicklung zu erkennen. Nicht immer ist die Autobahn die beste Strecke, auch wenn sie intensiv genutzt wird. Durch die Ist-Analyse aus dem Benchmark-Vergleich treten die genauen Stärken und Schwächen zutage. Auf Basis der Ist-Situation können erfahrene Benchmarker Szenarien entwickeln und diese gegenüberstellen: Ist Virtualisierung mein nächster Schritt? Sollte ich bestimmte Teile meiner IT auslagern, und wenn ja, welche? Sollte ich Rechenzentren konsolidieren? Der Vorteil gegenüber einer erfahrungsbasierten Beratung ist, dass die Ergebnisse auf Fakten beruhen und nicht auf IT-Trends.

Grundlage dieser Benchmark-basierenden Entscheidung sind Kennzahlen von IT-Projekten, die bereits abgeschlossen und bewertet worden sind. Die Analyse umfasst in diesen Fällen Unternehmen, die vor oder nach einer strategischen Veränderung einen Benchmark absolviert haben. Durch die Normierung werden die Kennzahlen über Unternehmensgrenzen hinweg vergleichbar gemacht. Aus den Zahlen lässt sich das voraussichtliche Ergebnis der geplanten Veränderung dokumentieren. Als Resultat erhält der Kunde eine Aussage, welcher Weg am besten zu seinem Ziel führt.

Ein Beispiel ist die Virtualisierung, die in den vergangenen Jahren häufig als Königsweg für Effizienzsteigerungen herangezogen wurde. Viele Manager können jedoch nicht genau angeben, ob und in welcher Höhe sich die teils hohen Investitionen rechnen werden. Mittels eines Benchmark-basierenden Change-Szenarios kann die

IT nachweisen, wie hoch die Kosteneinsparungen ausfallen werden. Diese Argumente lassen sich vor allem bei Diskussionen mit internen Kunden einer IT ins Feld führen. Hier kann das Change-Szenario zeigen, welche Preisreduzierungen realistisch sind.

Frühere Benchmark-Ergebnisse können wertvolle Hinweise für eine Virtualisierung ergeben.

Für ein Change-Szenario ist der zugrunde liegende Benchmark unerlässlich. Das Team des Benchmarkers kennt die Umgebung und die Mannschaft des Kunden, seine IT-Strategie und die Historie. Vor diesem Hintergrund lassen sich die Kennzahlen interpretieren und finanzielle Effekte eingrenzen. Demgegenüber steht die holzschnittartige Aussage des Lieferanten oder Beraters zum Sparziel – für Kostendiskussionen ist dieses Eis reichlich dünn.

Ein erfolgreiches Change-Szenario entwickelte sich bei einem internationalen Finanzdienstleister. Dessen Planung sah vor, die europäischen IT-Abteilungen an einem Standort zusammenzulegen. Hintergrund war die Überzeugung, dass sich die Synergieeffekte lohnen würden. Nach einem umfassenden Benchmark aller Landesorganisationen und einem anschließenden Change-Szenario wurde nachgewiesen, dass es zwar Kostenvorteile aus der Konsolidierung geben würde. Jedoch waren diese so gering, dass sich der Schritt angesichts der hohen Risiken einer Konsolidierung mehrerer Rechenzentren und der Kostenremanenz nicht gelohnt hätte. Das Vorhaben wurde daraufhin zu den Akten gelegt.

FAZIT

Auf der strategischen Ebene sind Spareffekte in der IT schnell identifiziert, doch es ist schwieriger, die Vorgaben rechnerisch fundiert zu begründen und zu priorisieren. Der Benchmark-Vergleich dient als Fundament, auf dem Strategien aufgesetzt werden können, um die IT weiterzuentwickeln. Für einen stabilen Business Case sind realistische Zahlen und Annahmen unabdingbar. Durch das Change-Szenario auf Basis eines Benchmarks zeigt sich das tatsächliche Potenzial einer Alternative vor einer Entscheidung.

ITIL UND BENCHMARKING

von Gerd Hußmann

IT-Benchmarking und das ITIL-Framework ergänzen sich gut. ITIL empfiehlt, die Performance der IT durch den Einsatz von KPIs (Key Performance Indicators) permanent zu überprüfen. Dabei stellen Benchmarks diese KPIs in einen Marktzusammenhang und machen sie dadurch erst wirklich aussagefähig.

Durch den Marktvergleich des Benchmarks können IT-Organisationen erkennen, auf welchem Niveau sich ihre IT in Relation zum Markt befindet. Während ein hohes Niveau bezüglich Effizienz und Produktivität immer erstrebenswert ist, ist ein hohes Niveau anderer KPI, beispielsweise der Verfügbarkeit oder der Prozessreife, kein Selbstzweck. Jedes Unternehmen sollte hier anhand der geschäftlichen Vorgaben genau bestimmen, welches Niveau in seinem Geschäftsumfeld vorliegen muss. Ist beispielsweise ein Prozess wenig ausgereift, aber essenziell für das Business, so geht das Unternehmen ein hohes Risiko ein; ist ein Prozess dagegen auf einem sehr hohen Reifegradniveau, aber nicht wesentlich für das Geschäft, so verschwendet das Unternehmen möglicherweise Geld und Ressourcen. Mit einem Benchmark lässt sich identifizieren, auf welchem Niveau IT-Organisationen im Vergleich zum Markt wirklich sind, wo es Abweichungen gibt und welche Prioritäten bei Veränderungen möglicherweise gesetzt werden sollten.

ITIL und Benchmarking – zwei kongeniale Partner haben sich gefunden. Mit der Ausbreitung von ITIL in der Welt der IT ist das Bedürfnis nach objektiven Maßstäben und Vergleichen noch einmal gewachsen. Und genau hier wird das Benchmarking – auch aus Sicht des Frameworks – zum Partner der IT und von ITIL. ITIL selbst definiert die Begriffe Benchmark und Benchmarking in folgender Weise (ITIL V3, „Continual Service Improvement" (CSI), Glossar):

- Benchmark: „Der erfasste Zustand eines Elements zu einem bestimmten Zeitpunkt. Ein Benchmark kann für eine Konfiguration, einen Prozess oder einen beliebigen anderen Satz von Daten erstellt werden."
- Benchmarking: „Vergleich eines Benchmark mit einer Baseline oder mit einer Best Practice. Der Begriff ‚Benchmarking' wird auch für die Erstellung einer Reihe von Benchmarks über einen bestimmten Zeitpunkt hinweg und den Vergleich der Ergebnisse verwendet, um den Fortschritt oder Verbesserungen zu messen."

Nach ITIL (ITIL V3, CSI, §5.3) vergleichen Benchmark-Projekte deshalb einen Service in einem Unternehmen mit

1. demselben Service zu einem früheren Zeitpunkt
2. demselben Service in anderen Funktionen im selben Unternehmen
3. demselben Service in anderen Unternehmen im Markt oder
4. mit Normen oder Richtlinien, festgelegt von externen Organisationen (Audit)

Im Folgenden werden hier die Varianten 1 bis 3 behandelt.

> Das ITIL-Framework (IT Infrastructure Library) ist ein Leitfaden und eine Sammlung von Praxiserfahrungen (Best Practices bzw. Good Practices), der mögliche Implementierungen des IT-Service-Managements (ITSM) dokumentiert, um den Betrieb der IT-Infrastruktur zu verbessern. Mittlerweile sind sie international als De-facto-Standard für das IT-Service-Management anzusehen. Die ITIL-Publikationen sind öffentlich zugänglich und beinhalten eine umfassende Dokumentation zur Planung und Erbringung von IT-Serviceleistungen. ITIL liegt seit 2008 in Version 3 vor. www.itil.org

EFFIZIENZ UND EFFEKTIVITÄT DER IT

ITIL benennt im Buch „Continual Service Improvement" (CSI) das Benchmarking als eine der wichtigen Methoden, um Erkenntnisse über die Effektivität und Effizienz von IT-Services in einem Unternehmen zu erlangen. Dabei unterscheidet ITIL zwischen internen (nur interne Ressourcen) und externen (mit Drittanbietern) Bench-

5.6 ITIL und Benchmarking

marks und stellt fest: „Aus der Business-Perspektive betrachtet können Benchmark-Messungen einer Organisation bei der Bewertung ihrer IT-Services, Performance und Ausgaben im Vergleich zu ähnlichen Organisationen oder Konkurrenzunternehmen und der Best Practice helfen." (ITIL V3, CSI, §5.3.8)

Den möglichen Wert und Nutzen (ITIL V3, CSI, §5.3/4) eines Benchmarks sieht ITIL in

- der Etablierung eines Qualitätsprofils am Markt
- erhöhtem Vertrauen der Kunden in die Organisation
- verbesserter Bindung/Motivation der Mitarbeiter
- besserer Wirtschaftlichkeit – aufgrund niedrigerer Preise und größerer Produktivität
- höherer Effizienz – durch den Vergleich mit den Ergebnissen anderer Organisationen in Bezug auf die Kosten, zu denen ein IT-Service erbracht wird, und der Vorteile für das Business. Auf diese Weise können eigene Stärken und Schwachstellen ermittelt werden
- verbesserter Effektivität – durch den Vergleich der Planziele mit den tatsächlich erreichten Zielen und
- Quick Wins – durch den Vergleich mit bereits etablierten Lösungen

Kosten für Benchmarks amortisieren sich laut ITIL schnell.

Interne Berichte im Rahmen von IT-Leistungserfassungen reichen für diese Anforderungen in der Regel nicht aus, weil sie häufig zu sehr an den etablierten Methoden und Lösungen festhalten. Externe Benchmarker bieten dem Business darüber hinaus einen Blick von außen, der die Glaubwürdigkeit der Ergebnisse und Empfehlungen untermauert (ITIL V3, CSI, §5.3.8). Demgegenüber sind nach ITIL die Kosten eines Benchmarks eher mäßig und amortisieren sich laut ITIL nach Meinung der meisten Organisationen eher schnell (ITIL V3, CSI, §5.3.1).

Im Idealfall sollten nach ITIL Benchmarks als regelmäßige Reviews in laufende Service-Management-Zyklen integriert werden, um so

„hilfreiche Messgrößen und Trendanalysen für die Bewertung von Verbesserungen (oder Feststellung eines entsprechenden Mangels) und für die frühzeitige Einleitung korrigierender Maßnahmen zur maximalen Performance-Steigerung" (ITIL V3, CSI, §5.3. 6) zu liefern.

Nach ITIL können Benchmarks aber nur dann als relevant angesehen werden, wenn ein Vergleich derselben Performance-Messgrößen oder -Indikatoren vorliegt und dieser sich auf Organisationen bezieht, die aufgrund ihrer Größe, Branchenzugehörigkeit und geografischen Lage gemeinsame Merkmale aufweisen (ITIL V3, CSI, §5.3). Das heißt, eine ausreichend gefüllte und benchmarkgerecht parametrisierte Datenbasis, die die spezifischen Rahmenbedingungen der Unternehmen hinreichend berücksichtigt, muss vorhanden sein, um valide Benchmark-Ergebnisse zu gewährleisten.

Auch der alleinige Vergleich mit Branchenstandards oder Best Practices des eigenen Sektors ist nach ITIL häufig nicht ausreichend, da möglicherweise sektorspezifische Konventionen den Blick und das Potenzial zu sehr einengen.

ITIL benennt folgende wesentlichen Voraussetzungen für den Erfolg von Benchmark-Projekten im Kontext des kontinuierlichen Verbesserungsprozesses (ITIL V3, CSI, §5.3):

- Unterstützung durch das Top-Management
- Blick von außen – Marktsicht kombiniert mit interner Sicht
- Andere Branchen – um Potenziale jenseits der brancheninternen Konventionen zu heben
- Mitarbeit der Prozess-Owner – um Akzeptanz und Unterstützung der Betroffenen zu verbessern
- Benchmark-Methoden als Teil der normalen Arbeit etablieren
- Benchmark-Fertigkeiten – Erwerb von entsprechenden Methodenkenntnissen

KRITISCHE ERFOLGSFAKTOREN UND KPIS

Kritische Erfolgsfaktoren (Critical Success Factor, CSF) bezeichnen nach ITIL jene Bestandteile beziehungsweise Elemente eines IT-Services, -Prozesses, -Projektes etc., die essenziell für deren Erfolg sind (ITIL V3, CSI, Glossar). Im Bereich „Service Operation" sind diese für ITIL beispielsweise die Unterstützung durch das Management und das Business, die Etablierung von Champions, geeignete Mitarbeiter, angemessene Schulungen, geeignete Tools, angemessene Tests, laufende Messungen und Berichterstattungen.

> Key Performance Indicators (KPIs) sind Messungen, die die Ziele quantifizieren und die Messung der Performance ermöglichen, um sicherzustellen, dass die CSFs (Critical Success Factors) erfüllt werden. Gemeinsam stellen CSFs und KPIs die Basis und die Mechanismen für die Kontrolle und Steuerung der Performance bereit.

Wenn gemessen werden soll, ob etwa ein IT-Service, ein IT-Prozess, eine IT-Aktivität oder eine IT-Funktion erfolgreich implementiert ist und entsprechend „gelebt" wird, werden KPIs benötigt. KPIs sind nach ITIL „Messgrößen, die einen Prozess, einen IT-Service oder eine Aktivität unterstützen soll(en)". Es können Messungen anhand von zahlreichen Messgrößen erfolgen, es werden jedoch nur die wichtigsten dieser Größen als KPIs definiert und für eine aktive Verwaltung und Berichterstellung in Bezug auf den Prozess, den IT-Service oder die Aktivität eingesetzt. Bei der Auswahl der KPIs sollte die Sicherstellung von Effizienz, Effektivität und Wirtschaftlichkeit berücksichtigt werden." (ITIL V3, CSI, Glossar).

Die Definition geeigneter KPIs bedeutet vor allem aber auch, zu evaluieren, was in einem Unternehmen unter dessen spezifischen Rahmenbedingungen als „erfolgreich" oder „angemessen" verstanden wird. Prozessverantwortliche können diese KPIs dann entsprechend nutzen, um damit die Qualität eines IT-Services, eines IT-Prozesses, einer IT-Aktivität oder einer IT-Funktion zu messen und zu steuern.

KPIs lassen sich laut ITIL (ITIL V3, CSI, §5.3) vier Klassen zuordnen:

- Finanzielle Performance (z. B. Preise und Kosten)
- Effizienz und Produktivität (z. B. Personaleinsatz)
- Effektivität (z. B. Zufriedenheitsbewertungen)
- Reifegrad (z. B. ITIL Process Maturity Framework)

	Services	Prozesse	Aktivitäten	Funktion	etc.
Finanzielle Performance	x	x	x	x	
Effizienz und Produktivität	x	x	x	x	
Effektivität	x	x	x	x	
Reifegrad		x	x	x	

Abbildung 1: KPI-Klassen und Anwendungsbereiche

Prinzipiell kommen im Benchmarking alle vier Klassen zur Anwendung und auch in einem spezifischen Benchmark-Projekt können KPIs aus allen, aus einigen oder aus nur einer Klasse genutzt werden, um Kosten, Auslastungen, Effektivität, Schwachstellen oder die Zufriedenheit im Vergleich zu ähnlichen Organisationen zu bestimmen.

ITIL UND PROZESS-REIFEGRAD-BENCHMARKS

ITIL hat im Buch „Service Design" in Anlehnung an das CMMI-Reifegrad-Modell ein eigenes „Best Practice"-Reifegrad-Modell mit dem Namen „Process Maturity Framework" (PMF) publiziert (ITIL V3, Service Design, Anhang H). Dieses kann sowohl für interne als auch externe Reviews und Benchmarks eingesetzt werden. Dabei unterscheidet das PMF fünf Reifegradstufen:

- **Reifegrad 1: initial (initial)**

    Der Prozess wird als solcher zwar anerkannt, es gibt jedoch nur wenige oder keine Prozess-Management-Aktivitäten. In der Organisation kommt dem Prozess keine Bedeutung oder Aufmerksamkeit zu. Dem Prozess wurden auch noch keine Ressourcen zugeteilt. Dieser Grad kann als „ad hoc" oder in einigen Fällen sogar als „chaotisch" beschrieben werden.

5.6 ITIL und Benchmarking

Beispiel: Die sporadische, individuell geprägte Durchführung von System-Konfigurationen (Changes) anhand von individuell verfügbaren Aufzeichnungen durch ad hoc dazu bestimmte Personen.

- **Reifegrad 2: wiederholbar (repeatable)**

Der Prozess wird als solcher erkannt und es kommt ihm nur eine geringe Bedeutung oder Aufmerksamkeit zu. Dem Prozess wurden im Betrieb kaum Ressourcen zugeteilt. Die mit dem Prozess in Verbindung stehenden Aktivitäten sind in der Regel unkoordiniert, unregelmäßig, nicht zielgerichtet und zielen auf die Effektivität des Prozesses ab.

Beispiel: Die gelegentliche, an vorherigen Änderungen orientierte Durchführung von System-Konfigurationen (Changes) anhand von informell bekannten Dokumentationen durch Mitarbeiter, die diese Aufgabe zuvor auch schon übernommen haben.

- **Reifegrad 3: definiert (defined)**

Der Prozess wird als solcher erkannt und dokumentiert, es besteht jedoch keine formale Vereinbarung, Akzeptanz oder Anerkennung seiner Rolle innerhalb des gesamten IT-Betriebsablaufs. Der Prozess verfügt jedoch über einen Prozess-Owner, formale Ziele und Vorgaben mit zugewiesenen Ressourcen und konzentriert sich auf die Effizienz und Effektivität des Prozesses, Berichte und Ergebnisse werden für eine spätere Bezugnahme gespeichert.

Beispiel: Die regelmäßige Durchführung von System-Konfigurationen (Changes) anhand von offiziell verabschiedeten Dokumentationen und Zeitplänen durch dieser Aufgabe offiziell zugeordnete Mitarbeiter, die für diese Aufgabe die notwendige Erfahrung mitbringen und das entsprechende Wissen haben.

- **Reifegrad 4: verwaltet und gesteuert (managed)**

  Der Prozess wird vollständig als solcher erkannt und von der gesamten IT akzeptiert. Der Prozess ist auf den Service fokussiert und besitzt sowohl Vorgaben als auch Zieldefinitionen, die sich an den geschäftlichen Vorgaben und Zielen orientieren. Der Prozess ist vollständig definiert, verwaltet und gesteuert, erfolgt proaktiv und besitzt dokumentierte und etablierte Schnittstellen sowie dokumentierte Abhängigkeiten zu anderen IT-Prozessen.

  Beispiel: Die Durchführung von regelmäßigen System-Konfigurationen (Changes) anhand von offiziell verabschiedeten Dokumentationen und Zeitplänen durch dieser Aufgabe offiziell zugeordnete Mitarbeiter, die für diese Aufgabe die notwendige Erfahrung mitbringen und das entsprechende Wissen haben. Die entsprechenden Ergebnisse und der Nutzen für das Geschäft werden fortlaufend gemessen, regelmäßig mit vorgegebenen Zielen verglichen sowie im Hinblick auf notwendige Korrekturen analysiert.

- **Reifegrad 5: optimierend (optimized)**

  Der Prozess wird vollständig als solcher erkannt und verfügt über strategische Ziele und Vorgaben, die sich an den strategischen Business- und IT-Zielen ausrichten. Diese Ziele sind als Teil der täglichen Aktivitäten für alle am Prozess beteiligten Personen „institutionalisiert". Ein eigenständiger kontinuierlicher Verbesserungsprozess wurde als Teil des Prozesses eingerichtet, der jetzt präventiv auf veränderte Rahmenbedingungen reagiert.

  Beispiel: Die Durchführung von System-Konfigurationen (Changes) anhand von Dokumentationen und Zeitplänen, die als Teil eines unternehmensweiten Dokumenten- und Zeitplan-Managements verabschiedet wurden, durch dieser Aufgabe im Rahmen der unternehmensweiten Personalplanung zugeordnete Mitarbeiter. Die Ergeb-

nisse und der Nutzen für das gegenwärtige und zukünftige Geschäft werden im Rahmen eines unternehmensweit etablierten Verbesserungswesens fortlaufend gemessen, mit vorgegebenen Zielen verglichen und im Hinblick auf notwendige Korrekturen analysiert.

Erfasst werden diese fünf Reifegrade wiederum in den Dimensionen „Vision, Strategie und Steuerung" (1), „Prozesse" (2), „Mitarbeiter" (3), „Technologie" (4) und „Kultur" (5). Auf jeder Reifegradstufe sind für jede Dimension Kriterien definiert, um diese zu erreichen. *Abbildung 2* zeigt das entsprechende Schema für die Reifegradstufe „definiert":

definiert (defined)	
1 Vision, Strategie und Steuerung	• Dokumentierte und vereinbarte formale Ziele und Vorgaben • Formell veröffentlichte, überwachte und überprüfte Pläne • Fundierte und adäquate Zuweisung von Ressourcen
2 Prozesse	• Klar definierte und allgemein bekannte Prozesse und Verfahren • Regelmäßig geplante Aktivitäten • Gute Dokumentation • Gelegentlich proaktive Prozesse
3 Mitarbeiter	• Klar definierte und vereinbarte Rollen und Verantwortlichkeiten • Formale Ziele und Vorgaben • Formalisierte Schulungspläne für Prozesse
4 Technologie	• Fortlaufende Datenerhebung mit Alarm und Grenzwertüberwachung • Konsolidierte Daten, die für formale Planung, Prognostizierung und Trendermittlung gesammelt und verwendet werden
5 Kultur	• Service- und kundenorientiert mit einem formalisierten Ansatz

Jeder Prozess wird in fünf Dimensionen sowie fünf Reifegrade klassifiziert. So können Unternehmen gezielt bestimmen, wie ein spezifischer Prozess im Hinblick auf die geschäftlichen Ziele ausgestaltet werden soll.

Abbildung 2: ITIL Process Maturity Framework – Kriterien für den Reifegrad „definiert"

5.6 ITIL und Benchmarking

Jedes Unternehmen sollte bestimmen, welchen Reifegrad die einzelnen Prozesse in seinem Geschäftsumfeld haben müssen. Ist ein Prozess wenig ausgereift, aber essenziell für das Geschäft, so geht das Unternehmen ein hohes Risiko ein; ist ein Prozess dagegen auf einem sehr hohen Reifegradniveau, aber nicht wesentlich für das Geschäft, so verschwendet das Unternehmen möglicherweise Geld und Ressourcen. *Abbildung 3* skizziert diesen Zusammenhang.

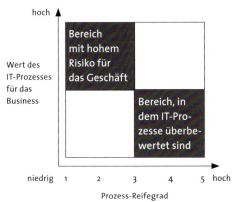

Eine Gratwanderung zwischen Risiko und Ressourcenverschwendung – Ziel ist es, eine möglichst sinnvolle Ausgestaltung des einzelnen Prozesses zu erreichen.

Abbildung 3: Nutzen und Prozess-Reifegrad (ITIL V3, CSI, §5.2)

Folgerichtig ist ein hoher Prozess-Reifegrad kein Selbstzweck, und ein niedriger Reifegrad ist nicht in jedem Fall ein Mangel. Der in einem Unternehmen für einen Prozess anzustrebende Reifegrad sollte immer aus den Geschäftszielen abgeleitet werden. Gegebenenfalls müssen Anpassungen vorgenommen werden.

Ein Benchmark vergleicht den Reifegrad eines Prozesses in einem Unternehmen mit dem Reifegrad des gleichen Prozesses in anderen Einheiten desselben Unternehmens (z. B. regional oder funktional) und/oder in anderen Unternehmen. In einem solchen Prozess-Benchmark wird dann für die Verantwortlichen sichtbar, welches Niveau das Management der IT-Services hat.

Zentrale Fragen eines Prozess-Benchmarks:

- Wie ist das aktuelle Niveau des IT-Service-Managements?
- Wie groß sind die Unterschiede zwischen verschiedenen Organisationseinheiten innerhalb der IT?
- Wie weit weichen derzeitiges Niveau und angestrebtes Management-Niveau voneinander ab?
- Wie ist das ITSM-Niveau in der eigenen Industrie?
- Welche ITSM-Problembereiche können identifiziert werden?
- Welche Prioritäten sind bei ITSM-Verbesserungen zu setzen?

Schließlich sind die letzten beiden Punkte – Problembereiche identifizieren und Prioritäten setzen – das eigentliche Ziel eines Prozess-Benchmarks. Die Aufnahme und der Vergleich der Prozess-Reifegrade ist hier Mittel zum Zweck. Es ist auch nicht Ziel eines Prozess-Benchmarks, eine Zertifizierung hinsichtlich des Reifegrades durchzuführen.

Abbildung 4 zeigt beispielhaft den Reifegrad der Prozesse des Bereiches „Service Design". Dargestellt sind die Reifegrade hinsichtlich des augenblicklichen und gewünschten Levels im Unternehmen sowie des durchschnittlichen Levels einer Peergroup.

An der Grafik lässt sich erkennen, dass für dieses Unternehmen auf einer Skala von 0 bis 5

- der gegenwärtige Reifegrad (orange Linie) maximal bei 3,3 (Information Security Management) und minimal bei 1,2 (IT Service Continuity Management) liegt und damit eine Differenz von 2,1 Punkten aufweist,
- der angestrebte Ziel-Reifegrad (rote Line) maximal bei 4,1 (Information Security Management) und minimal bei 2,2 (IT Service Continuity Management) liegt und damit eine Differenz von 1,9 Punkten aufweist,

5.6 ITIL und Benchmarking

- der durchschnittliche Reifegrad der Peers (schwarze Linie) maximal bei 4,0 (Information Security Management) und minimal bei 2,9 (IT Service Continuity Management) liegt und damit eine Differenz von 1,1 Punkten aufweist,
- der durchschnittlich angestrebte Ziel-Reifegrad für den Prozess „Capacity Management" unterhalb des aktuellen Reifegrades liegt,
- der gegenwärtige Reifegrad für alle Prozesse unterhalb des Peer-Reifegrades liegt,
- der angestrebte Ziel-Reifegrad für nur einen Prozess (Information Security Management) oberhalb des Peer-Reifegrades liegt.

Ergebnisbeispiel Service-Design

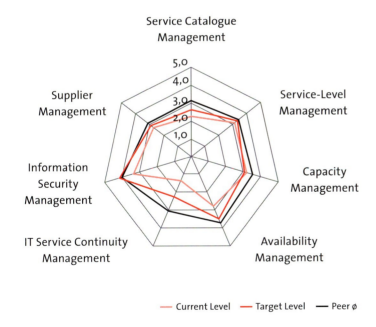

Ein Vergleich der Prozess-Reifegrade zeigt auf, wo Soll- und Ist-Wert sowie der Ist-Wert und der Durchschnitt der Vergleichsgruppe voneinander abweichen.

Abbildung 4: Beispiel für Prozessreifegrade im Service-Design

5.6 ITIL und Benchmarking

Auf Basis dieser Erhebung und der in den Interviews und aus Dokumenten gewonnenen Informationen ist zu analysieren:

- Ist es gewollt, mit dem aktuellen Reifegrad für alle Prozesse unter dem Peer-Mittelwert zu liegen?
- Ist es gewollt, mit dem Ziel-Reifegrad nur einmal, mit genau diesem Prozess, über dem Peer-Mittelwert zu liegen?
- Warum liegt beim Capacity Management der Reifegrad des Zielwertes unterhalb des aktuellen Wertes?
- Ist es vernünftig, dass die aktuelle Implementierung für das Continuity Management nur bei 1,2 liegt, das Security Management aber bei 3,3?
- Ergeben sich Änderungsnotwendigkeiten? Welche Priorität haben diese?

Abbildung 5 zeigt an einem Beispiel die Dimensionen des Prozess-Reifegrads aus PMF-Sicht. Dargestellt sind Minimum, Maximum und der Durchschnitt bei einer Erhebung in verschiedenen Einheiten eines Unternehmens.

Hier ist ablesbar, dass verschiedene Organisationseinheiten innerhalb eines Unternehmens auf einer Skala von 0 bis 5

- den Reifegrad beim Aspekt „Prozessziele" mit maximal 4, mit minimal 2 und im Durchschnitt mit 2,4 angeben,
- den Reifegrad beim Aspekt „Prozess-Entwicklungspläne" mit maximal 4, mit minimal 2 und im Durchschnitt mit 2,4 angeben,
- den Reifegrad beim Aspekt „Ressourcen und Finanzmittel" mit maximal 3, mit minimal 1 und im Durchschnitt mit 2,0 angeben,
- bei zwei Aspekten (Prozessdokumentation; Prozessaktivitäten) um mehr als 3 Punkte (Wert zwischen MIN und MAX), bei sechs Aspekten um genau 3 Punkte und bei fünf Aspekten um 2 oder weniger Punkte differieren.

Ergebnisbeispiel: Reifegrad

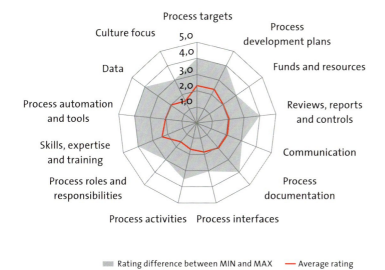

Bei einer Bewertung des Prozess-Reifegrads bei verschiedenen Organisationseinheiten eines Unternehmens weichen die Ergebnisse oft voneinander ab.

		MAX	AVG	MIN
Strategy, Vision, Steering	Process targets	4,0	2,4	2,0
	Process development plans	4,0	2,4	2,0
	Funds and resources	3,0	2,0	1,0
	Reviews, reports and controls	4,0	2,0	1,0
	Communication	3,0	2,0	2,0
Processes	Process documentation	4,0	2,0	0,0
	Process interfaces	3,0	1,8	0,0
	Process activities	3,5	1,6	0,0
People	Process roles and responsibilities	3,0	1,5	0,0
	Skills, expertise and training	4,0	2,4	1,0
Technology	Process automation and tools	4,0	2,0	1,0
	Data	4,0	2,0	1,0
Culture	Culture focus	3,0	1,6	0,0

Abbildung 5: Beispiel eines Prozess-Reifegrads innerhalb einer Organisation

Auch hier ist auf Basis dieser Erhebung und der in den Interviews und aus Dokumenten gewonnenen Informationen zu analysieren:

- Wie kommt es zu den deutlichen Unterschieden in den Bewertungen? Wer hat die maximalen bzw. minimalen Einschätzungen abgegeben? Warum?
- Warum weisen die beiden Aspekte „Prozessdokumentation" und „Prozessaktivitäten" Unterschiede zwischen MIN und MAX von größer 3 auf, wer hat sie abgegeben und warum?
- Warum ist die Einschätzung des Aspekts „Kommunikation" relativ homogen?
- Ergeben sich Änderungsnotwendigkeiten? Mit welcher Priorität?

FAZIT

ITIL ist „Best Practice" und kein Standard. Deshalb schreibt ITIL auch keine Vorgehensweisen vor, sondern benennt und erläutert Aspekte und Themen, die sich aufgrund der Erfahrungen aus den letzten beiden Jahrzehnten als wichtig für ein erfolgreiches IT-Service-Management erwiesen haben. Und Benchmarking ist – professionell eingesetzt – eine der Methoden, die ITIL als wesentlich für den Erfolg in der IT empfiehlt.

ITIL betont insbesondere die Industrialisierung der IT sowie die Ausrichtung (Alignment) der IT an den Geschäftszielen. Beides wird vom Benchmarking unterstützt. Im letzteren Fall sind wesentliche Effizienz- und Produktivitätsabweichungen zum Markt sowie niedrige Prozess-Reifegrade häufig deutliche Hinweise auf eine IT, die nicht in allen Teilen an den Geschäftszielen ausgerichtet ist. Und auch im Zuge der Industrialisierung und Standardisierung liefern Benchmarks die nötigen Marktvergleiche. Benchmarking stellt die KPIs, die jede IT nach ITIL zum Management ihrer IT-Services nutzen sollte, in den Marktzusammenhang. Durch diesen größeren Kontext werden diese Indikatoren erst wirklich aussagefähig.

STANDORTBESTIMMUNG IN DER SAP-WELT

von Timo Kopp

Das Thema SAP-Kosten ist ein Dauerbrenner in Diskussionen über die Enterprise-IT. Ein Benchmark-Vergleich kann zeigen, ob und an welcher Stelle die eigenen SAP-Kosten aus dem Ruder laufen oder ob sie marktgerecht sind – wobei SAP hier als Synonym für alle gängigen ERP-Programme gebraucht wird. Mit einem effizient betriebenen ERP-System können Unternehmen sogar günstiger fahren als mit einem SAP-Outsourcing.

Gerade aus IT-Organisationen im deutschsprachigen Raum ist SAP-Software kaum noch wegzudenken. Die Programme aus Walldorf sind „strategisch", was nicht selten bedeutet, dass ihre Anschaffung, Einrichtung und Pflege einem finanziellen Kraftakt gleichkommt. Schätzungen zufolge lassen sich rund 30 bis 50 Prozent der gesamten IT-Ausgaben von Unternehmen den ERP-Lösungen sowie den entsprechenden Dienstleistungen zuordnen. Das Dilemma: Für viele CFOs und hochrangige Controller ist der Bebauungsplan der IT ein Buch mit sieben Siegeln, was angesichts der Fülle der Verantwortungsbereiche quer durch das Unternehmen nicht überrascht. Die Kontrollposition über/neben dem IT-Verantwortlichen erfordert es, dass sie weitreichende Entscheidungen häufig ohne eine belastbare Grundlage treffen müssen. Das betrifft auch die Frage, ob es sich lohnt, sein ERP-System oder Teilleistungen an einen Dienstleister auszulagern.

CFOs und IT-Verantwortlichen bieten sich verschiedene Methoden, um die Ausgaben zu bewerten und ein Preis-Leistungs-Verhältnis zu kalkulieren. Der Request for Proposal (RFP) ist eine Möglichkeit – die Lieferanten geben Angebote für eine geforderte Leistung ab, und das Controlling schätzt daraus das aktuelle „Marktniveau" ab. Dabei ist durchaus das Bewusstsein vorhanden, diese Karte als potentieller Kunde nicht allzu oft spielen zu können. Hinzu kommt vielfach die Anforderung, Preisbestandteile bis ins letzte Detail aufzuschlüsseln, um eine vermeintlich umfassende Transparenz zu gewährleisten.

Zwar leuchten die Vorteile für das Outsourcing und gegen den Eigenbetrieb auf den ersten Blick ein: Anfangsinvestitionen in neue Lizenzen und Hardware stellten für viele Unternehmen oft eine große Hürde bei der Einführung einer betriebswirtschaftlichen Standardsoftware dar, zudem „entfällt" der Aufwand für Betrieb, Wartung und Support einer lokalen ERP-Installation, die auch für Lastspitzen ausgelegt sein muss. Zudem lässt sich die Verantwortung für die Umsetzung von Projekten, technischen Erneuerungen und Release-Wechseln einschließlich der Risiken durch den Projektvertrag elegant auf den Dienstleister übertragen. Das Paket schließlich sorge für eine höhere Kostentransparenz sowie eine verbesserte Planungsgrundlage, versprechen die einschlägigen Lieferanten.

Beim Outsourcing von ERP-Systemen entfallen die hohen Anfangsinvestitionen, was die Einführung erleichtert.

Wer jedoch die eigenen SAP-Kosten nicht kennt, wird schwerlich gegen die Preise der Lieferanten verhandeln und fundierte Entscheidungen gegenüber seinem Management vertreten können. Dabei ist es durchaus möglich, dass die Rechnung der Provider auch für den Kunden aufgeht. Plant der Anwender etwa den Einsatz einer neuen ERP-Lösung „auf der grünen Wiese", können Dienstleister ihre Vorteile voll ausspielen, weil die Anfangsinvestitionen in Technik und Personal nicht mehr auf einen Schlag anfallen. Der Dienstleister betreibt die Applikationen zudem auf standardisierten Systemen, die aufgrund der Skaleneffekte günstiger als beim Kunden betrieben werden. Vor allem im Vergleich mit unterdurchschnittlich effizienten ERP-Umgebungen offenbaren Provider – nicht nur von Cloud-Lösungen – durchaus ihre (finanziellen) Vorteile.

Doch es gibt auch Unwägbarkeiten, die dazu führen, dass sich das Vorhaben für den Kunden nicht mehr rechnet. Der Angebotspreis für ERP-Outsourcing erscheint auf dem Papier zumeist günstiger als die Kosten des Eigenbetriebs, da für die Zukunft erwartete finanzielle Vorteile einfach auf die Dauer der Vertragslaufzeit umgelegt werden. Dafür versucht der Provider im Gegenzug, die Laufzeit zu strecken und die jährliche Degression möglichst flach zu halten, um letztlich doch auf seinen Schnitt zu kommen. Auch Zusatzleistungen, die vorab vertraglich nicht geregelt wurden, wird sich ein Dienstleister gut bezahlen lassen. Einen weiteren Kostenblock, der nicht in der Providerrechnung auftaucht, bildet die Retained-Organisation zur Steuerung des Dienstleisters. Außerdem müssen Kosten für Migrationsprojekte berücksichtigt werden, wenn eine vorhandene ERP-Umgebung weiterbetrieben werden soll oder die ERP-Umgebung nach der Laufzeit zu einem anderen Provider umsiedelt. Alle Faktoren führen dazu, dass sich der finanzielle Aufwand der Bereitstellungsmodelle mittelfristig angleicht.

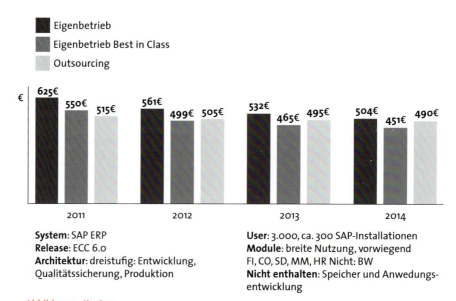

Abbildung 1: Kosten pro Named User/Jahr

Grafik 1: Die Grafik zeigt typische Entwicklungen bei den Kosten und Preisen für Named User von SAP ERP, hier am Beispiel eines fiktiven Outsourcing-Vertrags mit einer Laufzeit von vier Jahren auf Basis realer und aktueller Benchmarking-Kennzahlen. Anfänglich ist die Auslagerung der Leistungen günstiger, doch gleichen sich die Kosten mit den Jahren an. Während der Dienstleister versucht, sich durch relativ stabile Preise über die Vertragsdauer zu finanzieren, sinken die Kosten der internen IT schneller ab. Hierfür gibt es verschiedene Gründe, etwa der effizientere Einsatz der Hardware beispielsweise durch stärkere Virtualisierung, die Standardisierung der Verfahren bei der Betreuung der Systeme, reifere Prozesse oder Synergieeffekte. In der Grafik markiert 2014 das Ende des fiktiven Outsourcing-Vertrags, und eine Neuverhandlung steht an. Hier kann der Dienstleister seine Preise den Marktbedingungen anpassen, das Rennen beginnt von vorn.

Zudem gehen viele CFOs mitunter recht hemdsärmelig an die Bewertung der IT-Kosten heran. Beliebte Kennzahlen sind etwa die IT-Aufwendungen im Verhältnis zur Mitarbeiterzahl oder den Einnahmen. Auf den ersten Blick mögen die Werte genügen, um große Abweichungen zu erkennen. Im Detail offenbaren sich aber Schwächen: Der niedrige Personaleinsatz in einem Bereich zeigt zwar eine hohe Produktivität, gravierende Risiken beim Ausfall zentraler Mitarbeiter werden hier aber nicht berücksichtigt. Nicht jede interne IT-Abteilung kann zudem in allen Segmenten zur Spitzenklasse gehören, Stärken und Schwächen wechseln sich ab.

> Hohe Personalproduktivität bedeutet oft hohes Risiko beim Ausfall zentraler Mitarbeiter.

Daher ist eine Analyse der eigenen Leistung nicht unwesentlich für die Frage, welche Bereiche oder Applikationen überhaupt außer Haus gegeben werden sollen. Hinzu kommt: In den vergangenen Jahren haben sich die IT-Infrastruktur und die Applikationen in vielen Unternehmen unterschiedlich entwickelt. Da die IT-Infrastruktur leichter industrialisierbar ist, wurde sie vielfach optimiert. Demgegenüber gelten Applikationen als schwer quantifizierbar und als nicht vergleichbar. So blieben Standardisierungsarbeiten an der Software unerledigt. Dabei ist das wirtschaftliche Potenzial enorm: Bei einer bereits optimierten IT-Infrastruktur sind in der Anwendungsumgebung durchschnittliche Einsparungen im zweistelligen Prozentbereich machbar.

5.7 Standortbestimmung in der SAP-Welt

Unternehmen, die das Management der Anwendungslandschaft vernachlässigen, schränken ihren Handlungsspielraum zunehmend ein. Pflege und Anpassungen an neue Anforderungen belegen ebenso wie Wartung und Weiterentwicklung einen gewichtigen Teil des Budgets. Hinzu kommt, dass der Projektaufwand für Anwendungen mit höherem Alter zunimmt. Zudem entfaltet eine optimierte Infrastruktur nur dann das volle Potenzial, wenn die Verbesserung im Kontext der geschäftskritischen IT-Anwendungen erfolgt. Die Anwendungen wiederum müssen gut gesteuert werden, um die operative IT-Exzellenz zu erreichen.

> Jede Optimierung der Infrastruktur sollte im Kontext der essenziellen IT-Anwendungen erfolgen.

IT-Organisationen haben zwei Möglichkeiten, ihre Applikationsumgebung zu analysieren: Erstens durch die Bewertung einzelner Anwendungen, und zweitens mit einer Untersuchung der übergreifenden Leistungen. Letzteres umfasst den Betrieb, die Wartung und den Support für Applikationen. Der spezielle Nutzen dieser Perspektive liegt darin, dass IT-Verantwortliche umfangreiche Kennzahlen zur Wirtschaftlichkeit ihres jeweiligen Aufgabengebietes erhalten. Alternativ können auch komplette geschäftskritische Schlüsselapplikationen wie ein SAP- oder ein Abrechnungssystem gezielt analysiert werden. So lassen sich grundsätzliche Aussagen zu Kosten und Leistungen einer wichtigen Anwendung treffen und mit Applikationen in anderen Unternehmen vergleichen. Zudem zeigt sich, ob etwa das Verhältnis von Wartung und Entwicklung einer Anwendung noch gesund ist.

In der Praxis sind wir auf Applikationen gestoßen, die zwischen 500 Euro bis zu über 80.000 Euro pro Monat im Betrieb kosten. Angesichts dieser Bandbreite ist es wichtig, die Leistung jeder Anwendung mit einem fairen Modell exakt zu bewerten. Dies geschieht über aussagekräftige Kennzahlen, welche durch Basisdaten aus einer detaillierten Analyse befüllt werden. Im Applikationsbetrieb sind das beispielsweise die Verfügbarkeit, die Zahl der von IT-Mitarbeitern betreuten Instanzen und die Anzahl der OS-Versionen. Bei der Entwicklung und Wartung werden unter anderem Entwicklungs-/Wartungsaufwand und -produktivität, Kosten pro Testfall, Service-Zeiten, die Use Cases pro IT-Mitarbeiter sowie die Anzahl

5.7 Standortbestimmung in der SAP-Welt

der Installationen gemessen. Um tatsächlich einen fairen Vergleich sicherzustellen, müssen noch die übergeordneten Rahmenbedingungen wie Programmiersprachen und -Methodiken erhoben und bewertet werden.

Durch die Zusammenstellung der verschiedenen Kennzahlen können Unternehmen ihre Anwendungsumgebung aus mehreren Perspektiven betrachten. Dies umfasst unter anderem die Kostenstruktur (Personal, Hardware und Software), die Struktur der Personalaufwände, die Anzahl der nachträglich notwendigen Personentage etwa aufgrund von konzeptionellen Erweiterungen, die Verteilung der Kosten auf die Phasen der Entwicklung, den Vergleich der Service-Level, den Rework-Faktor, die Budget- und Termintreue oder die Softwarequalität.

Top Level Indicator TLI		Kosten pro Kunde/ Geschäftsvorfall	
		Kosten	**Produktivität**
Key Performance Indicator KPI	Application Support	Kosten pro Call/Ticket	Anzahl Calls/Tickets pro FTE
	Application Development/ Maintenance	Kosten pro entwickeltem/ gewartetem FP	Anzahl entwickelte/ gewartete FPs pro FTE
	Application Operation	Kosten pro LPAR	Anzahl LPARs pro FTE
	Application Intrastructure	Kosten pro Server/GB	GB pro FTE

FP = Function Point · GB = Gigabyte · FTE = Full Time Equivalent · LPAR = Logical Partition

Grafik 2: Für den internen und externen Vergleich von Anwendungslandschaften können verschiedene Top Level Indicators (TLI) und Key Performance Indicators (KPIs) herangezogen werden.

Klassische Kostenkennzahlen in dem Bereich Anwendungsentwicklung sind die Kosten pro Use Case beziehungsweise Function Point. Bei der Produktivität wird beispielsweise die Anzahl der Function Points pro Anwendungsentwickler verglichen. Die Anzahl der Change Requests pro 1.000 Function Points wiederum kennzeichnet die Qualität der fachlichen Spezifikationen. Hier zeigt sich, dass Fachabteilungen ihren Aufwand zwar durch unzureichende Anforderungen reduzieren können, jedoch sinkt dadurch unter dem Strich die Produktivität der Entwicklungsabteilung.

Werden die Kennzahlen etwa in einem Benchmark den Werten vergleichbarer Organisationen gegenübergestellt, erkennt man auf einen Blick, in welchen Segmenten das Applikations-Management Verbesserungspotenziale aufweist und wo die Anwendungen besser als bei den Peers geführt sind. Hierbei dürfen nicht nur die Kosten erfasst werden – für einen sinnvollen Vergleich müssen alle Treiber wie Komplexität, Qualität und Volumen in die Berechnung einfließen. Auf Basis der Analyse lassen sich die Aufwände in jeder Phase der Entwicklung abstimmen, um den Gesamtprozess zu optimieren. Wer die entscheidenden Kennzahlen erhebt, sieht nicht nur das Ziel klarer, sondern auch die beste Route dorthin.

FAZIT

Eine sinnvolle Erhebung der tatsächlichen SAP-Kosten ist immer der erste Schritt zur Verbesserung. Anwender müssen viele Faktoren aus verschiedenen Perspektiven in ihre Kalkulationen einbeziehen, um letztlich Äpfel mit Äpfeln zu vergleichen.

Ergebnisse von Benchmarking-Projekten zeigen, dass ERP-Outsourcing in der Regel günstiger ist als der Eigenbetrieb auf Standardniveau. Sobald es sich aber um eine interne ERP-Umgebung in gepflegtem Zustand – auf Effizienz getrimmt und „Best-in-Class" – handelt, ist die interne IT finanziell wettbewerbsfähig. Dafür ist es jedoch auch nötig, permanent an der Infrastruktur und am

Applikations-Management zu arbeiten und beides gezielt zu modernisieren. Die Zügel schleifen zu lassen, resultiert unweigerlich in einem höheren Aufwand.

DIE BASIS FÜR DEN SERVICEKATALOG

von Gerold Hauer

IT-Leistungen standardisiert zu beschreiben und zu strukturieren, ist eine Grundlage für Bewertungen, Analysen und Vergleiche zur Wirtschaftlichkeit. Mit der Maturity Service Library (MSL) können Organisationen Lücken und Redundanzen in ihrem Servicekatalog erkennen, um ihre Leistungen zu vereinheitlichen oder an den Markt anzugleichen. Der Katalog basiert auf der Auswertung von Benchmark-Projekten und bietet einen schnellen und umfassenden Überblick über marktübliche Serviceschnitte von IT-Services.

Viele Jahre haben sich Unternehmen damit beschäftigt, die technische Dimension ihrer IT zu standardisieren, zu automatisieren und zu optimieren. Inzwischen ist jedoch ein weiteres grundlegendes Thema in den Fokus gerückt: die Reorganisation der Leistungsbeschreibungen. Von der Neuordnung der eigenen „Angebote" für die Kunden versprechen sich IT-Organisationen einheitliche Strukturen bei den bereitgestellten Diensten, weniger Redundanzen sowie geringere Kosten durch den reduzierten Aufwand. Erreicht werden soll dies in erster Linie dadurch, dass sich IT-Services am „aktuellen Marktniveau" orientieren. Aus der Maßarbeit und der Maßkonfektion wird somit der Anzug von der Stange – IT prêt-à-porter, um es freundlicher zu formulieren.

Übergeordnete Gründe für einen einheitlichen Servicekatalog gibt es viele: Dazu zählen etwa die geplante Herauslösung einzelner intern erbrachter IT-Services ins Outsourcing, die Zusammenlegung von Tochterunternehmen sowie Zukäufe und Abspaltungen von Unternehmensbereichen – in diesen Fällen wird die anstehende Harmonisierung der Services unterstützt. Damit wollen IT-Organisationen vermeiden, dass bestehende Leistungskataloge unübersichtlich, Verantwortlichkeiten bei Services unklar und die Verteilung der Kosten und Aufgaben intransparent werden.

Ein zentrales Erfolgskriterium für die Ordnung der IT-Leistungserbringung ist das „aktuelle Marktniveau" von IT-Leistungen und Service-Schnitten. Dieses erschließt sich im Zuge der Auswertung von Benchmark-Projekten, deren Ergebnisse in ein Rahmenwerk einfließen: Mit der Maturity Service Library (MSL) wurde das passende Gerüst entwickelt, in dem sich marktübliche Strukturen verschiedener IT-Services abbilden lassen. IT-Verantwortliche können damit kontrollieren, ob ihre intern erbrachten oder extern bezogenen Services hinsichtlich der Inhalte, SLAs und dem Verrechnungsmodus mit dem aktuellen Marktstandard übereinstimmen – oder wo sich Abweichungen ergeben und welche Risiken daraus entstehen können. Der MSL-Katalog umfasst rund 50 IT-Basisdienste, die anhand von sechs Dimensionen klassifiziert werden:

- Leistungsinhalt: Beurteilung der Vollständigkeit und Struktur der Service-Inhalte
- Funktionen: Untersuchung der funktionalen Inhalte und Verantwortung der Services
- Kostentreiber: Beurteilung der Kosteninhalte (Lizenzen, Mitwirkungsleistungen, Betrieb etc.)
- Technologie: Untersuchung der technischen Service-Inhalte (technische Parameter, Architekturvorgaben, Refresh-Regelungen etc.)
- Qualität: Beurteilung der Qualitätsvorgaben und SLAs sowie Reporting
- Verrechnung: Analyse der kommerziellen Regelungen zu Skaleneffekten, Abnahmeflexibilität, Vertragsstrafen etc.+

5.8 Die Basis für den Servicekatalog

Entsprechenden Ausprägungen in der MSL sind für die am häufigsten im Markt anzutreffenden Kombinationen dieser Leistungsdimensionen verfügbar. Es lassen sich aber auch beliebige individuelle Servicebeschreibungen mit vergleichsweise geringem Aufwand erzeugen. Diese generische Struktur erlaubt es, vollständige Service-Beschreibungen anhand der definierten Kriterien neu zu erstellen beziehungsweise bestehende Beschreibungen auf ihre Vollständigkeit zu prüfen.

Aktualisiert wird die MSL bei der Erfassung von IT-Umgebungen im Rahmen von Benchmark-Projekten. Sie wird periodisch an neue Markttendenzen angepasst, bildet damit die Sammlung der aktuellen Best Practice-Ansätze und dient als Referenz aller weiteren Aktivitäten hinsichtlich des IT-Servicekatalogs. Im Gegensatz zu einem klassischen Benchmark, bei dem der Kunde im Mittelpunkt steht und der Markt eine nachgelagerte Rolle spielt, ist beim MSL-Ansatz das Marktniveau ausschlaggebend. An diesem müssen sich die IT-Services des Kunden orientieren. Eine Folge ist, dass die MSL als neutraler Standard bei Verhandlungen mit verschiedenen Kunden/Fachbereichen herangezogen werden kann – als kleinster gemeinsamer Nenner. Zum anderen vollzieht sich so zumindest auf der Ebene der Services ein Paradigmenwechsel von der individuellen zur standardisierten IT, die ihre Leistungen aus dem Katalog anbieten kann.

> Die MSL kann kleinster gemeinsamer Nenner bei Verhandlungen mit verschiedenen Kunden sein.

Durch die Orientierung an der MSL ist sichergestellt, dass es bei den IT-Leistungen nicht zu Überlappungen oder Lücken kommt. Zudem wird ein allgemeines Verständnis der Nomenklatur erreicht und die Vergleichbarkeit mit dem Markt gewährleistet. Die MSL ist flexibel genug, um individuelle Servicebeschreibungen zu ermöglichen, bietet aber auch alle Vorzüge einer standardisierten Struktur. Das Prinzip ist aus dem Automobilbau bekannt: Auf der Basis einheitlicher technischer Komponenten werden Produkte möglich, die sich beim Kunden zu einem passgenauen Angebot zusammenfügen. Dazu gibt es in einer Organisation verschiedene Ebenen der Leistungserbringung, die unterschiedliche Ansprüche an die Dokumentation stellen (siehe Grafik 1).

IT-Ressourcen: Die Beziehungen zwischen IT-Service-Inhalten und -Kosten ergeben sich aus der aufwandsgerechten Zuordnung verwendeter IT-Ressourcen wie Hardware, Lizenzen, Personal und sonstigen Aufwänden. Beispiel: Administrationsaufwand je Server, Lizenzkosten je Server.

IT-Leistungen: Die Beziehung zwischen der IT-Steuerung und den internen wie externen Leistungserbringern fokussiert eher die technischen und qualitativen Details der Leistung sowie die Beschreibung der Prozessunterstützung. Dabei werden die aus den IT-Ressourcen gesammelten Kosten zu IT-Leistungen gebündelt. Beispiel: Der Server-Betrieb Windows umfasst RZ-Infrastruktur, Hardware, Lizenzen, Personal, usw.

IT-Services: Die Beziehung zwischen Endkunden und zentraler IT-Steuerung ist meist individuell und fokussiert auf eine möglichst verständliche Darstellung des Leistungsinhalts sowie der Bestell- und Abrechnungsmodalitäten. Technische Details sollten auf das notwendige Maß beschränkt bleiben. Beispiel: Windows-Server in der Leistungsklasse „Basis", Qualität „Silber".

IT-Produkte: Der Endkunde bezieht und bezahlt IT-Produkte, die sich aus mehreren Services in unterschiedlichen Qualitätsstufen zusammensetzen. Die Produkte sind je nach Unternehmen individuell ausgestaltet. Beispiel: SAP-Service je Benutzer.

5.8 Die Basis für den Servicekatalog

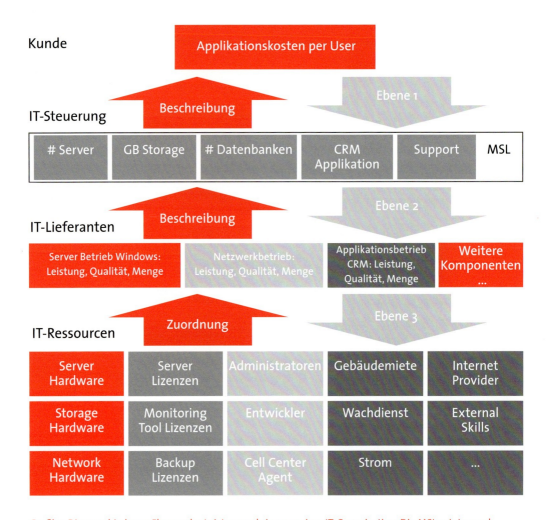

Grafik 1: Die verschiedenen Ebenen der Leistungserbringung einer IT-Organisation. Die MSL setzt grundsätzlich auf der Ebene der IT-Steuerung auf, kann aber je nach Aufgabenstellung für die Beschreibung von Leistungsbeziehungen aller Ebenen eingesetzt werden.

GAP-ANALYSE

Neben der Strukturierung eines Servicekatalogs eignet sich die MSL, um GAP-Analysen durchzuführen und konkrete Handlungsfelder abzuleiten. Zur praktischen Umsetzung in Projekten dient ein Bewertungssystem von Maturity für den Reifegrad von IT-Service-Verträgen. Dabei wird jede einzelne Service-Beschreibung anhand von gewichteten Schlüsselfragen bewertet und daraus der Reifegrad errechnet. Der niedrigste Reifegrad 1 weist hier (siehe Grafik 2) auf wesentliche Mängel der Service-Beschreibung hin und markiert dringenden Handlungsbedarf. Der höchste Reifegrad 5 entspricht dem höchsten Marktniveau, ist naturgemäß mit dem höchsten Aufwand sowie höheren Kosten verbunden und daher nicht unbedingt überall sinnvoll. Zur Orientierung ist der Vergleich mit den Werten einer Peer-Gruppe hilfreich. Aus der Gegenüberstellung der Ist-Werte mit angestrebten Zielwerten sowie den Peer-Werten können Unternehmen konkrete Maßnahmen ableiten.

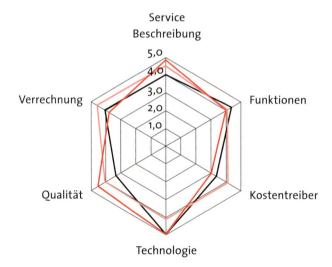

Kunde Zielwert vs. Kunde Ist-Wert vs. Peer-Mittelwert
1 = mangelhaft oder veraltet 5 = vollständig und aktuell

Grafik 2: Bewertung einer Service-Beschreibung im Rahmen einer GAP-Analyse.

SOURCING-SUPPORT

Anhand eines MSL-Projekts können IT-Organisationen nicht nur ihre internen Services überprüfen, sondern auch kontrollieren, an welchen Stellen ihre extern bezogenen Dienstleistungen vom aktuellen Marktstandard abweichen. Die Bewertung gibt Anhaltspunkte für eventuelle Anpassungen der Service-Level und Service-Schnitte, um tatsächliche Anforderungen der Fachbereiche und die anfallenden Kosten in Einklang zu bringen. Auch dient die MSL als Maßstab, um Abweichungen der Service-Inhalte zu identifizieren und Verträge oder Angebote zu vergleichen.

In Sourcing-Szenarien lässt sich die MSL als Referenz für marktübliche Serviceabgrenzungen verwenden. Dies umfasst etwa die Erstellung von strukturierten Ausschreibungsunterlagen, um die geforderten Services in allen erforderlichen Ausprägungen vollständig zu beschreiben. Durch die Vorgehensweise werden Lücken vermieden und die Beurteilung der einlangenden Angebote vereinfacht.

FAZIT

Durch die strukturierte Aufbereitung von Benchmark-Ergebnissen lässt sich ein „marktübliches Niveau" bei IT-Services ermessen. Mit dieser Referenz können Unternehmen eigene IT-Services herausarbeiten, kontrollieren und vergleichen. Das Verfahren bietet sich neben Servicekatalogen auch für GAP-Analysen und zum Einsatz in Sourcing-Szenarien an. Ziel ist es, komplexe Leistungsbeziehungen in einem Unternehmen zu harmonisieren und somit die Effizienz der IT und ihrer Steuerung zu steigern.

ZUFRIEDENHEIT DER ANWENDER UND MITARBEITER ABFRAGEN

von Marion Sander und Karsten Tampier

Viele Unternehmen reichern ein Benchmark-Projekt mit einer Analyse der Zufriedenheit ihrer Kunden und/oder ihrer IT-Mitarbeiter an. Aus der Kombination aller „harten" und „weichen" Kennzahlen ergeben sich vielschichtige Ergebnisse, aus denen sich Wirkzusammenhänge erkennen lassen. Unternehmen können diese nutzen, um die Leistungen ihrer IT gezielt an die Anforderungen der Anwender und Fachbereiche anzupassen. Webbasierte Kundenbefragungen, E-Mail-Antworten und soziale Netzwerke sind die gängigsten Verfahren.

Die Meinung der Kunden über ein Angebot zeigt sich in erster Linie in der Entwicklung der Nachfrage. Steigt diese, kann der Anbieter davon ausgehen, dass seine Käufer mehrheitlich zufrieden sind. Wenn der Kunde jedoch nicht frei entscheiden kann, wo er kauft, müssen andere Mechanismen gefunden werden, um die Stimmung in der Zielgruppe zu erfahren. So dienen in einer IT-Organisation systematische Analysen der Kundenzufriedenheit dazu, Handlungsbedarf bei den eigenen Leistungen zu erkennen. Dies umfasst nicht nur die allgemeine Meinung zur Strategie und deren Umsetzung, sondern auch Einschätzungen zur Arbeit des Servicedesks, gemeinhin die „Visitenkarte" der IT.

Im Gegensatz zu einem Benchmark liefert die Analyse der Kundenzufriedenheit eine Rückmeldung, die auf den persönlichen Er-

5.9 Zufriedenheit der Anwender und Mitarbeiter Abfragen

fahrungen der Kunden beruht. Glaubwürdige Aussagen sind hier begehrt: Die Geschäftsführung möchte sich vergewissern, dass sie die richtige Entscheidung im Service-Design getroffen oder Stellschrauben für eine eventuelle Nachbesserung identifiziert hat. Der Service-Manager ist an einer Überprüfung der eigenen Position interessiert, und die externen Dienstleister wollen demonstrieren, dass sie eine gute Arbeit geleistet haben. In der Regel ist der Nachweis der Kundenzufriedenheit über einen Standard-Passus auch im Service-Vertrag fixiert: „Der Service-Provider wird nach Maßgabe der „Anlage Kundenzufriedenheitsmessung" auf Wunsch des Auftraggebers eine regelmäßige Kundenzufriedenheitsanalyse durchführen, um das Maß der Zufriedenheit und die Notwendigkeit von Verbesserungen festzustellen".

Die Vorteile der direkten Befragung sind vielfältig: Für den Service-Empfänger ist die Kundenzufriedenheitsanalyse eine Chance, die verfügbaren Dienstleistungen stärker an seine (Kunden-)Bedürfnisse anzupassen. Darüber hinaus kann das Werkzeug auch dazu genutzt werden, um die Meinung der eigenen IT-Mitarbeiter abzufragen. Dies ist speziell dann der Fall, wenn das IT-Management bewertet werden soll. Die Überprüfung der Service-Level und der Transparenz der Leistungserbringung über die Kundenzufriedenheit ist zudem ein wichtiger Bestandteil zur Ausrichtung eines IT-Services an den Geschäftszielen. Im Gegensatz zu einem klassischen Benchmark, dessen Ergebnisse das Marktniveau anhand „harter" Kosten und Preise spiegeln, wartet die Kundenzufriedenheitsanalyse mit vermeintlich „weichen" Kennzahlen auf. Aus der Kombination der Ergebnisse lassen sich substanzielle Erkenntnisse für die Optimierung der IT gewinnen.

> Kombiniert mit Ergebnissen aus klassischen Benchmarks kann eine Zufriedenheitsanalyse tiefe Erkenntnisse zur Optimierung der IT liefern.

Viele IT-Abteilungen sind an dem Punkt angekommen, wo sie den Gürtel um die Technik nicht mehr enger schnallen können. Kosten lassen sich dann nur noch mit flankierenden Maßnahmen senken, indem beispielsweise indirekte Kostentreiber wie die Qualität beeinflusst werden. Entscheidend dabei ist die Kontrolle, wie die Veränderungen beim Nutzer ankommen. Schließlich gilt die Faustregel noch immer: Der Kunde ist sehr sensibel und hat eine selektive Wahrnehmung – zehn Verbesserungen werden zur Kenntnis genommen und vergessen, ein Rückschritt bleibt hingegen über Jahre im kollektiven Gedächtnis.

ABWICKLUNG

Mittlerweile ist das Internet die bevorzugte Plattform zur Analyse der Kundenzufriedenheit. Die Vorteile der Web-Befragung liegen in der Geschwindigkeit der Umsetzung und Auswertung, der einfachen Handhabung, dem geringen Zeitaufwand für die Teilnehmer sowie der Möglichkeit, mit kontextbezogenen Folgefragen maßgeschneiderte Analysen zu erstellen. Dabei enthält eine strukturierte und webbasierende Kundenzufriedenheitsanalyse, die im Turnus alle sechs bis zwölf Monate wiederholt wird, etwa 20 Fragen. Diese drehen sich bei einer Mitarbeiterbefragung in der Regel um die Motivation, Service-Orientierung, das IT-Know-how und das geschäftliche Wissen der IT-Mitarbeiter.

Bei der Anwenderbefragung wird die Betrachtung von der internen auf die externe Ebene erweitert: Wie zufrieden sind die IT-Nutzer mit den Leistungen des Service-Providers, und wie steht es um die wahrgenommene Verfügbarkeit der wichtigsten Anwendungen? Sparmaßnahmen an der falschen Stelle können hier schnell nach hinten losgehen. Eine unerwartet schlechte Leistung bleibt nicht beim Support-Mitarbeiter in der Offshore-Region haften, sondern beim IT-Management vor Ort. Wird nur die finanzielle Dimension der IT mit Kennzahlen bewertet, ist das Bild nicht vollständig. Das Risiko, in die falsche Richtung zu steuern, steigt.

Neben den Fragen zur Dienstgüte können Kunden die Rolle der IT als Unterstützung des Business bewerten, aber auch die Transparenz der IT-Leistungen und IT-Kosten beurteilen. Demografische Informationen sollten ebenfalls abgefragt werden, um differenzierte Analysen zu ermöglichen. So kann beispielsweise ans Licht kommen, inwiefern sich Antworten von Mitarbeitern, die länger als fünf Jahre im Unternehmen sind, von den Kollegen unterscheiden, die erst seit kurzem dabei sind. Zudem lassen sich die Bewertungen einzelner Abteilungen vergleichen. Dabei muss aber darauf geachtet werden, dass die personenbezogenen Fragen nicht zu einer eindeutigen Zuordnung der Antworten führen.

Für ein Feedback zu den Leistungen des Servicedesks, typischerweise dem ersten Berührungspunkt des Anwenders bei Problemen und Fragen zur IT, nutzen einige Unternehmen laufende Qualitätsprüfungen. Hierfür werden Befragungen auf Basis von E-Mails eingesetzt (siehe Grafik 2). Bei einer vorab definierten Quote, etwa bei jedem 15. Vorfall, wird an den jeweiligen Anwender, der den Incident an den Servicedesk gemeldet hat, eine E-Mail mit der Bitte um Bewertung der Problemlösung verschickt. Die Antworten werden gesammelt und ausgewertet, wobei der Vorteil dieser Variante darin liegt, dass ein direkter Bezug zu einem aktuellen Incident zugrunde liegt.

ERGEBNISSE

Befragungen von Anwendern und Mitarbeitern bieten eine gute Gelegenheit, unverfälschte Rückmeldungen über die Qualität der IT-Dienstleistungen zu erhalten, wodurch sie für die Einschätzungen der IT-Verantwortlichen und Fachbereichs-Manager als Referenzwert dienen. Ihre Ergebnisse geben Stimmungsbilder wieder, decken den notwendigen Handlungsbedarf auf und helfen bei der Identifizierung einer Unter- beziehungsweise Überversorgung. Grundsätzlich spricht nichts dagegen, die Kundenzufriedenheitsanalyse vom regulären Benchmark-Projekt zu entkoppeln, auch wenn beide Untersuchungen oft in einem Projekt abgewickelt werden.

Die Ergebnisse der Kundenzufriedenheit sind in der Regel bereits auf der Notenskala ohne weiteren Vergleich aussagekräftig. Ist die Bewertung einer IT-Organisation mehrere Notenpunkte von der

"Bestnote" der jeweiligen Vergleichsgruppe entfernt, besteht hier sicherlich Handlungsbedarf. Ein zusätzlicher Benchmark mit anderen Kundenzufriedenheitsanalysen eröffnet eine weitere Ebene zur Interpretation – erfahrungsgemäß vergeben Anwender nämlich nicht gerne Höchstnoten. Auf diesem Weg, so die Hoffnung der Kunden, lässt sich die Wahrscheinlichkeit verringern, dass (interne) Dienstleister in ihren Leistungen nachlassen und sich in der Komfortzone einrichten.

Auszug aus einer Anwenderbefragung

Frage	Anwender	Vergleichsgruppe
Wie beurteilen Sie das IT-Know-how der IT-Mitarbeiter	3,1	4,2
Wie beurteilen Sie das geschäftliche Know-how der IT-Mitarbeiter	2,6	3,0
Wie beurteilen Sie die IT-Ausstattung an Ihrem Arbeitsplatz	3,2	3,3
Wie beurteilen Sie die Reaktionsgeschwindigkeit der IT	2,5	3,5

Grafik 1: Abweichungen zu den Werten einer passenden Vergleichsgruppe zeigen, wo es Handlungsbedarf für eine IT-Organisation gibt.

Neben standardisierten Befragungen über eine Online-Plattform, die einen Benchmark-Vergleich mit einer Peer-Gruppe erlauben, nutzen Unternehmen die Kundenzufriedenheitsanalyse auch für individuelle Fragestellungen. Diese umfasst nicht nur die einzelne Leistung im Incident Management, sondern auch das Feedback zu einem bestimmten IT-Projekt. Befragungen können somit aufzeigen, ob durchgeführte Maßnahmen das gewünschte Ziel erreicht haben. Mit regelmäßigen Wiederholungen von Befragungen – im Rahmen eines Benchmarks oder als alleinstehendes Projekt – können langfristig die Stimmung unter den Kunden und die Zufriedenheit mit der IT analysiert werden.

Beispiel für ein Anschreiben zur Bewertung des Servicedesks

```
┌─────────────────────────────────────────────────────────┐
│  [Neu]      [    ]                              [Senden]│
├─────────────────────────────────────────────────────────┤
│        Von:  │ Service Desk                             │
│   Gesendet:  │ Dienstag, 14. Januar 2014 10:10          │
│         An:  │ Marion Sander                            │
│    Betreff:  │ Ihre Anfrage Ticket #210270              │
├─────────────────────────────────────────────────────────┤
```

Sehr geehrte Frau Sander,

wir haben Ihre Anfrage mit der Ticketnummer #210270 abgeschlossen. Bitte nehmen Sie sich einige Minuten Zeit und teilen uns Ihre Zufriedenheit mit der Qualität der Lösung mit (1 = sehr zufrieden ... 4 = überhaupt nicht zufrieden):

Wie zufrieden sind Sie mit der Lösung Ihrer kürzlich abgeschlossenen Anfrage?

Wie zufrieden sind Sie mit der benötigten Zeit für Ihre Lösung?

Herzlichen Dank!
Ihr Support Team

Grafik 2: Viele Unternehmen nutzen Befragungen per E-Mail, um Informationen über den Qualitätsstandard ihrer Servicedesks zu erhalten.

Wann ist eine IT wirklich erfolgreich? Diese Frage lässt sich allein mit harten Kennzahlen nicht umfassend beantworten. Für die Mitarbeiter ist das Gesamtpaket aus Technik und Service-Erlebnis entscheidend, und durch Differenzierungsmerkmale aus beiden Bereichen kann eine IT Erfolge erzielen. Das subjektive, aber für eine Gesamtbeurteilung notwendige Kundenerlebnis – die so genannte „Customer Experience" – wird künftig bei Diskussionen über die IT eine größere Bedeutung erhalten. Die Kunst für IT-Verantwortliche besteht darin, die angestrebte Service-Orientierung nicht zu großzügig und nicht zu knapp auszulegen. Ziel sollte ein ausgewogenes Verhältnis aus Kosten und Leistungen sein. Durch die Kombination aus der Anwenderbefragung und dem Kosten-Benchmark lassen sich in diesem Punkt Maßnahmen und Lösungswege erkennen.

AUSBLICK

Je schneller ein Feedback zu Leistungen eingeholt wird, desto eher können die IT-Services auf den tatsächlichen Bedarf zugeschnitten werden. Auch hier steigt der Einfluss der sozialen Vernetzung, deren vielfältigen Möglichkeiten die Zukunft gehört – Kommentare im offiziellen Blog der internen IT-Abteilung sind nur ein Anfang der Entwicklung. Allerdings richtet sich die Kommunikation in den sozialen Netzwerken derzeit noch stark an den externen Markt, während in der internen Kommunikation nach wie vor die eigene Infrastruktur bevorzugt wird. Dabei bieten soziale Netzwerke, die zunehmend auch in den Unternehmen eingesetzt werden, viel Platz für Innovationen. Ihre direkte Form der Rückmeldung macht es aber auch schwer, eine systematische Auswertung der Antworten sowie den Vergleich mit einer Peer-Gruppe wie in einer Web-Befragung zu erhalten. Insofern behalten auch die anderen Kanäle wie Web und E-Mail weiterhin ihre Berechtigung.

Das Feedback der Kunden und Anwender ist die Grundlage für die Weiterentwicklung von IT-Services. Auch wir interessieren uns für Ihre Meinung zu diesem Beitrag. Welche Erfahrungen, welches Potenzial und welche Herausforderungen sehen Sie bei der Analyse der Zufriedenheit von IT-Anwendern und IT-Mitarbeitern?

Sie erreichen uns unter marion.sander@maturity.com und karsten.tampier@maturity.com

PROJEKTBERICHTE

BEZIEHUNGEN PROFESSIONELL STEUERN

AOK Nordost – Marktpreis-Benchmark

Ein großer Anteil am IT-Budget der AOK Nordost fließt zur Tochtergesellschaft GKV Informatik (GKVI), berichtet Sascha Porbadnik, Leiter der Stabsstelle IT. Die GKVI, eine Ausgründung mehrerer AOKs sowie der Barmer, ist ein stattlicher IT-Dienstleister, jedoch nicht am Drittmarkt tätig. Rund 500 Mitarbeiter betreuen die komplette IT von mehr als 35.000 Anwendern. Angesichts der engen Bindung lag es nahe, die Geschäftsbeziehung auf ein festes Fundament zu stellen. Von der Strukturierung und Formalisierung des Verhältnisses sowie der eigenen IT-Anforderungen versprach sich Porbadnik „eine neue Qualität in der Zusammenarbeit". Die GKVI, so das Ziel, „soll wie ein normaler Dienstleister behandelt werden".

Der angestrebte Wandel erforderte aber auch Konsequenzen in der IT-Governance der AOK Nordost: „Wenn wir den Dienstleister anders als bisher steuern wollen, verlagert sich unser Fokus von den Inhalten auf die Schnittstelle", berichtet Porbadnik. Zur Schnittstelle zählen beispielsweise die Service-Leve-Agreements (SLAs) und die Ausgestaltung der Verträge. Die klare Trennung von Auftraggeber und Dienstleister sei notwendig, denn schließlich könne man als Außenstehender keine wirkungsvolle inhaltliche Kontrolle ausüben, da man nicht mehr in die Betriebsabläufe eingebunden sei. So gehöre zu einem guten Verhältnis von Kunde und

Service-Provider, nicht nur Personal und die Betriebsaufgaben an den Dienstleister zu übergeben. „Wir als Auftraggeber müssen vor allem loslassen lernen und nicht mitsteuern wollen, von welchem Lieferanten ein PC für uns gekauft oder geleast wird, wenn er den Qualitätskriterien entspricht", räumt der IT-Chef ein.

Unterstützung bei der Fokussierung von den Inhalten auf die Schnittstelle hat sich die AOK durch einen Marktpreis-Benchmark geholt. In einem Pilotprojekt wurde der User-Helpdesk analysiert. „Wir wollten abschätzen können, wie der Weg eines Benchmarks verläuft, welche Daten wie erhoben werden und wie aussagefähig die Ergebnisse sind", sagt Porbadnik. Die Planung sieht vor, Marktpreisvergleiche schrittweise auf alle Leistungen im Portfolio des Service-Providers GKVI anzuwenden.

„Ich wollte sehen, ob beim Benchmark nur blanke Zahlen herauskommen und wie fundiert die Leistungserhebung ist", beschreibt Porbadnik die Ziele des Pilotprojekts. Die Fragenkataloge waren sehr umfangreich, „aber der Aufwand hat sich gelohnt." Auch der Benchmarker müsse diese Phase bewältigen, denn nur dann könne er sinnvoll entscheiden, mit welchen Zahlen er weiterarbeiten muss, um beispielsweise die Vergleichsunternehmen auszuwählen. Zudem müsse der Benchmarker die IT des Kunden auch verstehen wollen, argumentiert Porbadnik: „Mit einem zweistündigen Telefonat lässt sich das nicht erreichen."

UNTERNEHMEN
AOK Nordost, Potsdam

BRANCHE
Krankenversicherung

BENCHMARK-PROJEKT
Marktpreis-Benchmark, 2010

PROJEKTZIELE
- Marktpreise des User-Helpdesks vergleichen
- Prozesse und Ergebnisse des Benchmarks evaluieren

„Der Benchmarker muss die IT des Kunden auch verstehen wollen."

Sascha Porbadnik, IT-Leiter der AOK Nordost

VOM KOSTENFAKTOR ZUM TRANSFORMATOR

SAP – Kosten-Leistungs-Benchmark

Die ersten 100 Tage im Amt mögen in der Politik eine Schonfrist sein, für Manager eines DAX-Konzerns im dynamischen Hightech-Sektor gilt das nicht: Im September 2009 hat Oliver Bussmann seine Arbeit als CIO der SAP AG aufgenommen, Ende November des Jahres bekam er bereits die Ergebnisse eines Benchmark-Projekts präsentiert. „Wenn man als CIO in ein neues Unternehmen kommt, ist eine Bestandsaufnahme innerhalb der ersten drei Monate extrem wichtig", sagt Bussmann, der von einem deutschen Versicherungskonzern nach Walldorf gewechselt war und den Benchmark in Auftrag gegeben hatte. Das Assessment ebnete den Weg für neue Ideen, Ansatzpunkte und Vorgehensweisen, um die Gesamtstrategie der IT zu optimieren. „Wenn Sie das nicht innerhalb der ersten drei Monate abschließen", argumentiert der CIO, „sind Sie im System gefangen und laufen immer hinterher."

Bussmann ging das Rennen lieber von der Spitze an und initiierte ein strategisches Transformationsprogramm. Vorab bestimmt werden sollten die Qualität der IT, die Wahrnehmung auf der Business-Seite, Problemfelder und Verbesserungspotenzial. Vier Fragen standen im Raum: Wie wettbewerbsfähig ist die IT von SAP, welche Risiken drohen, wird Geld verschwendet und sind die richtigen

Steuerungsgrößen im Einsatz, um die IT-Funktionen zu bewerten? „Wenn man weiß, wo man steht, kann man einen Spannungsbogen erzeugen, um Veränderungen herbeizuführen", sagt der CIO. Denn mit glaubwürdigen und nachvollziehbaren Informationen „führen Sie eine ganz andere Diskussion mit den Stakeholdern über die Positionierung der IT".

Obwohl die IT von SAP vermeintlich direkt an der Hightech-Quelle sitzt, finden sich doch viele Parallelen zu anderen Konzernen, die in traditionellen Branchen angesiedelt sind. Einerseits zählt Bussmann zu den ersten produktiven Anwendern neuer Software und die Bedeutung der internen IT als „Showcase" ist in den vergangenen Jahren gestiegen. Andererseits sei die Organisation ein „normales IT-Department, in dem ein ausgeprägtes Stückkosten-Management" gefordert ist. Vom „Schlaraffenland" könne Bussmann zufolge keine Rede sein: „Auch wir müssen nachweisen, dass wir effizient arbeiten und den maximalen Wert aus dem Portfolio herausholen können." Dies sei bislang vorbildlich gelungen, berichtet der CIO – dank des ausgeprägten globalen Delivery-Modells und eines Single-ERP-Systems, das nah am Standard ausgerichtet ist: „Die Speckschicht ist hauchdünn."

In der Tat ergab der Benchmark, dass die SAP-IT bezüglich Kosten, Produktivität und somit Effizienz zu den besten Organisationen der Peergroup zählte. Der Standortvergleich erstreckte sich von den IT-Gesamtkosten über die Anteile von Plan, Build und Run bis in die einzelnen Servicebereiche wie Server-Infrastruktur, Arbeitsplätze, Service-Desk, Netzwerke sowie Entwicklung und Wartung der Anwendungen. Eine rasche Aufnahme der für das Assessment benötigten Basisinformationen sei nötig gewesen, sagt Bussmann, der verlässliche und glaubwürdige Fakten brauchte, um rasch Handlungsempfehlungen auszusprechen und die Stakeholder im Konzern noch vor dem Jahreswechsel zu überzeugen. „Ohne dieses Momentum und die Fakten wäre ich kaum in der Lage gewesen, eine neue Organisation anzukündigen, um die Lines of Business besser mit den IT-Funktionen zu verzahnen", berichtet der CIO.

UNTERNEHMEN
SAP AG, Walldorf

BRANCHE
Hightech

BENCHMARK-PROJEKT
Kosten-Leistungs-Benchmark, 2009

PROJEKTZIELE
- Bestimmung des Standorts und der Risiken der IT
- Kontrolle der IT-Steuerungsgrößen
- Analyse des IT-Wertbeitrags für das Business

6. Projektberichte

Die Transformation war kein Automatismus, wie er gelegentlich mit einem Wechsel im Top-Management einhergeht. „SAP stand vor Veränderungen, weil sich der Software-Markt und das Kundenverhalten gewandelt haben", so Bussmann. Der Trend gehe weg von Megadeals und hin zu geringeren Vertragsvolumina verbunden mit einer höheren Frequenz. „Dadurch und durch Trends wie Cloud-Computing verändert sich das Produkt- und Lösungsportfolio, was sich wiederum erheblich auf die SAP-internen Prozesse, auf die Systeme und die Mitarbeiter auswirkt." Eine Folge: „Die interne IT muss Fähigkeiten und Kapazitäten für den bevorstehenden Transformationsprozess vorhalten."

Der springende Punkt war, die Fähigkeiten und Kapazitäten bei einem begrenzten Budget bereitzustellen. „Können wir die aktuellen Strukturen weiter optimieren und dadurch die benötigten Ressourcen besser einsetzen oder brauchen wir mehr Raum zum Atmen?", fragte sich Bussmann – wie auch die meisten anderen CIOs. Der Benchmark erbrachte klare Anzeichen dafür, dass es leichtfertig wäre, das IT-Budget weiter zu verdichten und zu hoffen, daraus die Kapazität für die Transformation zu erzeugen. Ein Anstieg des Risikos durch weitere Einsparungen sowie daraus möglicherweise resultierende Probleme bei der Umsetzung der Transformation zeichneten sich klar ab. „Wir haben erkannt, dass wir mehr in die IT investieren müssen – etwa für Business Intelligence, Daten-Management und Funktionen zur Automatisierung des Volumengeschäfts", berichtet der CIO.

Die Transformation spielt sich nicht nur an der Oberfläche ab: „Aufgrund der Benchmark-Fakten ergaben sich Ansatzpunkte, wie wir den Governance-Prozess auf der IT-Seite spiegeln, wie die einzelnen Fachbereiche in die Entscheidungsprozesse für das Portfolio eingebunden werden und wie wir mehr in Richtung Enterprise-Architektur investieren", so Bussmann. Der Aufbau der personellen und finanziellen Ressourcen wurde eingeleitet und eine strategische Partnerschaft mit SAP Field Services geschlossen, um deren Global Delivery Model intensiver zu nutzen. Auch die Zusammenarbeit mit der SAP-Produktentwicklung und der Consulting-Sparte zur

6. Projektberichte

Umsetzung der Transformation wurde vertieft – „da können wir noch näher aufeinander zugehen". Rund zwei Jahre kalkulierte der CIO für den vollständigen Umbau von Business und IT ein.

Um auf belastbare Resultate zu kommen und Handlungsanweisungen ableiten zu können, reicht die reine Betrachtung des IT-Aufwands im Assessment nicht aus. „Statt eines technischen Benchmarks unter Kostenaspekten mussten wir den IT-Wertbeitrag für das Business und die entscheidenden Hebel analysieren", sagt Bussmann. Niedrige Stückkosten allein würden nicht dabei helfen, den Unternehmenserfolg zu steigern. Dies gelinge nur, indem die IT neue Produkte ermögliche, ihre Skalierbarkeit steigere und einen höheren Automatisierungsgrad für das Business erzeuge. „Eine Korrelation von Business- und IT-Performance im Vergleich mit anderen Unternehmen ist der wirksamste Nutzen eines Benchmarks", bilanziert der CIO. Schließlich zeige sich hier, ob die IT ein Kostenfaktor ist oder tatsächlich der Business Enabler, der sie sein sollte. Und davon ist Bussmann überzeugt: „Es gibt nichts Schlechteres, als in einem Wachstumsunternehmen die IT-Funktionen ausschließlich als Kostenfaktor zu betrachten."

„Eine Korrelation von Business- und IT-Performance im Vergleich mit anderen Unternehmen ist der wirksamste Nutzen eines Benchmarks."

Oliver Bussmann, CIO der SAP AG

INDIVIDUELL UND FLEXIBEL

Immobilien Scout GmbH – Kosten-Leistungs-Benchmark

Die Zahl der Nutzer, die Ansprüche an die Dienstleistungen der internen IT, die Vielzahl der Gerätetypen – alles nimmt zu. „Und damit natürlich auch die Arbeitsbelastung der IT-Mitarbeiter", sagt André Nawojan, Head of Corporate IT der Berliner Immobilien Scout GmbH. Mit derzeit 16 Spezialisten betreut der Manager seit gut zwölf Jahren die Inhouse-IT des einstigen Internet-Start-ups, das inzwischen offiziell zur Deutschen Telekom gehört, sich aber die Mentalität der Eigenständigkeit bewahrt hat. Rund 500 Nutzer im Hauptquartier greifen auf Services für ERP, Dokumenten-Management, Intranet und Office-Programme zu. Die Website mit ihrem Produktionsbetrieb, der dazugehörigen Entwicklung sowie der Qualitätssicherung bildet einen eigenen IT-Bereich.

Zu hoher Ressourcenverbrauch in der Corporate IT? Im Gegenteil – Nawojan wollte auf Nummer sicher gehen und das Bauchgefühl durch harte Fakten eines Benchmark-Vergleichs belegen: „Plakativ gesagt, fehlten mir zwischenzeitlich 2,3 Vollzeitstellen bei unserem Arbeitsvolumen", beschreibt der IT-Leiter eine zentrale Aussage des Leistungsvergleichs. Untersucht wurden die Client-Services, der Server-Betrieb, Storage, User-Helpdesk, das RZ- sowie das Office-LAN und die IT-Prozesse. Eine Mitarbeiterbefragung rundete das Benchmark-Projekt ab. Er wollte neutrale Resultate von einer externen Instanz berechnen lassen, berichtet Nawojan. Die Bilanz: „Wir mussten handeln, um die Qualität der Services und Arbeitsprozesse sicherstellen zu können." Und wäre das Ergebnis anders ausgefallen? „Auch wenn man vor Überraschungen nie gefeit ist – die Lücke war letztlich sogar etwas größer, als ich befürchtet hatte", erinnert sich der studierte Bauingenieur.

Neben den Argumenten für die interne Diskussion mit dem Management förderten Benchmark und Mitarbeiterbefragung aber auch direktes Verbesserungspotenzial zutage. Nawojan zufolge betraf dies etwa die Anforderung von Client-Hardware oder die unzureichende Transparenz im Service-Desk: „Damit konnten wir Schritt für Schritt arbeiten, das hat uns weitergebracht." Zudem warf der Benchmark die Frage auf, ob die Corporate IT von ImmobilienScout24 in einigen Bereichen wie etwa dem Server-Betrieb „zu individuell und zu flexibel" auf Anforderungen reagiert und sich dadurch das Leben schwer macht, sagt Nawojan. Dies müsste unter Umständen durch Prozess-Workflows abgefangen werden.

Die Begrenzung der Flexibilität bringt in der Regel langfristig Einsparungen mit sich. Allerdings müsse er auch die Kultur des Unternehmens berücksichtigen, argumentiert der IT-Leiter: „Wir sind zwar kein Start-up mehr, aber wir haben durchaus als Internet-Company einen anderen Anspruch als Konzerne." Nicht verknöchert und in Prozessen gefangen, sondern flexibel und technologieorientiert. Diesen „Zoo von Systemen" muss man sich leisten wollen. Verschiedene Server, PCs, Smartphones, Betriebssysteme und natürlich auch die inzwischen obligatorischen iPads für den Vertrieb bringen dem IT-Quereinsteiger Nawojan aber auch einen persönlichen Vorteil: „Das macht die Arbeit irgendwie erst richtig interessant."

UNTERNEHMEN
Immobilien Scout GmbH, Berlin

BRANCHE
Professional Services

BENCHMARK-PROJEKT
Kosten-Leistungs-Benchmark, 2009

PROJEKTZIELE
- Standortbestimmung der IT
- Überprüfung der Personalausstattung

> „Damit konnten wir Schritt für Schritt arbeiten, das hat uns weitergebracht."
>
> André Nawojan, Head of Corporate IT, Immobilien Scout

DAS VERNÜNFTIGE MASS DER ANFORDERUNGEN

enviaM – Marktpreis-Benchmark

„Das Geschäft der IT ist in den vergangenen Jahren nicht einfacher geworden", berichtet Jens Winkler, IT-Leiter des Energiedienstleisters enviaM. Sich verändernde regulatorische und gesetzliche Vorgaben, neue Anforderungen aus den Fachabteilungen sowie Beteiligungen in unterschiedlichen Geschäftsfeldern prägen die Struktur der enviaM-Gruppe und damit auch die Architektur und Prozesse der IT. „Unsere Herausforderung war immer", so Winkler, „die optimale IT im Sinne einer Gruppenlösung bereitzustellen."

Einen großen Teil der Services hat Winkler an den IT-Dienstleister Gisa übertragen, an dem enviaM mehrheitlich beteiligt ist. So bildeten sich umfangreiche Outsourcing-Erfahrungen aus vertraglicher und funktionaler Perspektive. „Dennoch haben wir uns immer die Frage gestellt, ob unsere Verrechnungspreise marktgerecht sind." Das Problem: Für Commodity-Services wie Personalabrechnungen gibt es einen funktionierenden Markt, der relativ leicht abgefragt werden kann. „Bei speziellen Lösungen wie geografischen Informationssystemen oder technischen Applikationen ist das aber nicht immer der Fall", beschreibt Winkler die Situation.

Der Manager hat die für ihn 20 wichtigsten IT-Services identifiziert und sie in einem Zyklus von drei Jahren durch Benchmark-Projekte analysiert. Bei der Standortbestimmung ging es nicht nur um die Erhebung des Marktniveaus, sondern auch um die Bewertung der eigenen Anforderungen wie Service-Level und Verfügbarkeit: „Es lohnt sich immer, die Hauptaufwandstreiber zu kontrollieren, da sie die Preise maßgeblich beeinflussen", sagt Winkler. Die Ergebnispräsentation des Marktpreisvergleichs habe teilweise für „überraschte Gesichter" gesorgt. Dies betraf einerseits Vertreter der Fachbereiche und ihr Bauchgefühl bezüglich der IT-Kosten, aber auch die IT-Experten selbst: „Bei einigen Services waren wir verblüfft, was der Markt noch alles hergibt."

Neben den harten Fakten des Benchmarks – Standortbestimmung der Kostenstrukturen im Vergleich zu anderen Unternehmen und eindeutige Aussagen zu speziellen Services, die nicht unmittelbar am Markt nachgefragt werden können – hatte das Projekt auch einen „weichen" Effekt: „Wir haben auf der Fachbereichsseite und beim Dienstleister das Bewusstsein für die Tatsache verstärkt, dass Anforderungen starke Auswirkungen auf die Service-Kosten haben", berichtet Winkler. Diese Erkenntnisse hätten geholfen, das notwendige partnerschaftliche Verhältnis in der Unternehmensgruppe zu pflegen.

Aus den Erkenntnissen des Benchmarks heraus hat enviaM einen internen Prozess aufgesetzt, um im Rahmen der IT-Steuerung die „großen Themen" jedes Jahr auf den Prüfstand zu stellen. Dabei wird analysiert, ob die vereinbarten SLAs noch notwendig sind oder Veränderungen vorgenommen werden müssen. Der Regelprozess diene dazu, kontinuierlich infrage zu stellen, ob bestimmte Leistungen und ihre Ausprägungen überhaupt noch benötigt werden. „Dieser Beratungsansatz ist der Mehrwert eines guten Benchmark-Projekts", so Winkler.

„Es lohnt sich immer, die Hauptaufwandstreiber zu kontrollieren, da sie die Preise maßgeblich beeinflussen."

Jens Winkler, IT-Leiter enviaM

UNTERNEHMEN

envia Mitteldeutsche Energie AG, Chemnitz (enviaM)

BRANCHE

Versorger

BENCHMARK-PROJEKT

Marktpreis-Benchmarks, 2007 ff.

PROJEKTZIELE

- Überprüfung der Outsourcing-Preise
- Kontrolle der Outsourcing-Anforderungen

KUNDENDIENST AUF DEM PRÜFSTAND

Pappas Gruppe – Kosten-Leistungs-Benchmark

Automobile und IT prägen unser tägliches Leben im Privaten wie im Beruflichen. Beide Technologien sind begehrt und von strategischer Bedeutung, aber nicht frei von Kritik: Hier der Stau und die Umweltbelastung, dort die Sonderstellung im Unternehmen, die Komplexität und die angeblich stets zu hohen Kosten. „Mit wirtschaftlichen IT-Lösungen Mehrwert für das Unternehmen zu generieren", ist das Credo von Dipl.-Ing. Karl Hüttinger, der seit zwölf Jahren die IT der Pappas Gruppe mit Hauptsitz in Salzburg leitet. Das vor fast 60 Jahren gegründete Familienunternehmen zählt zu den größten Automobilhandelsunternehmen Mitteleuropas – beziehungsweise „Mobilitätsdienstleistern", wie es sich die Branche heute auf die Fahnen geschrieben hat.

„Unsere IT ist nicht Selbstzweck, sondern ein möglichst wirkungsvoller Wertegenerator für alle Geschäftsbereiche", fasst IT-Leiter Hüttinger die Grundzüge seiner Organisation zusammen. Als Basis dient eine entsprechend leistungsfähige und hochverfügbare IT-Landschaft mit einem hohen Integrationsgrad der einzelnen Systeme. Insellösungen sind tabu. Hüttinger pflegt einen „intensiven Dialog mit den jeweiligen Geschäftsbereichen". Durch den Schulterschluss mit den Fachabteilungen soll sichergestellt werden, dass die IT „in der richtigen Richtung unterwegs ist". Das Motto: Kurze Wege durch hohen Integrationsgrad.

6. Projektberichte

Die Pappas-IT kümmert sich in erster Linie um die Kernbereiche der IT bis hin zu den Geschäftsprozessen und arbeitet ansonsten mit externen Partnern zusammen. Selektives Outsourcing umfasst die Bereiche Netzwerk-Management, Wartung von technischen Systemen, Schulungen, Support für technische Funktionen und die Mitarbeit an Entwicklungsprojekten. Die IT-Landschaft verfügt über eine Kaskadenstruktur mit starken zentralen Komponenten, die für alle Standorte zur Verfügung stehen. Im ERP-Bereich nutzt Pappas ausschließlich Eigenentwicklungen. Hinzu kommen in Lizenz genommene Programme etwa für Business Intelligence, die mit externen Partnern betrieben und teilweise selbst modifiziert werden.

„Ich persönlich tendiere zur rationalen Sichtweise mit einem gewissen Komfort und einer hohen Funktionalität", sagt Hüttinger über sein Wunschauto, was aber auch für sein Verständnis der IT gelten mag. Spätestens seit einem Benchmark-Vergleich hat er schwarz auf weiß, dass er mit dieser Haltung richtig gefahren ist. „Unser Ressourcenverbrauch im IT-Bereich lag an der unteren Grenze, es herrschte keine Verschwendung." Davon war Hüttinger zwar schon vorher überzeugt gewesen, doch in Verhandlungen mit dem Management „werden die eigenen Argumente erst mit einem Benchmark glaubwürdig."

Die Idee zum umfassenden IT-Vergleich kam von Kommerzialrat Alexander Pappas, dem Eigentümer und geschäftsführenden Gesellschafter des Konzerns. Einen unmittelbaren Auslöser habe es nicht gegeben, erinnert sich Hüttinger, der bislang nur über Benchmark-Erfahrungen in Einzelsegmenten verfügte. Jedoch erkannte der IT-Leiter, dass sich mit dem Projekt relativ schnell eine Vielzahl offener Fragen beantworten lassen würde: „Sind wir wirklich so gut, wie wir glauben, und wo gibt es Verbesserungspotenzial, das sich nur im Vergleich mit anderen Unternehmen erkennen lässt?" Es galt, Empfindungen mit Fakten zu untermauern. Hüttinger räumt ein, dass er zu Beginn mit „zwiespältigen Gefühlen" konfrontiert wurde: „Ich habe mit allem gerechnet." Gegenstand des Vergleichs mit Referenzdaten waren die Betriebs-

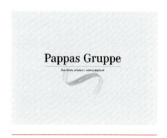

UNTERNEHMEN
Pappas Gruppe, Salzburg

BRANCHE
Autohandel und Services

BENCHMARK-PROJEKT
Kosten-Leistungs-Benchmark, 2008

PROJEKTZIELE
- Standortbestimmung der IT
- Aufspüren von Verbesserungspotenzial
- Analyse der Zukunftsfähigkeit der IT
- Ermittlung der Anwenderzufriedenheit

kosten und Leistungen, die Komplexität sowie die Qualität der Pappas-IT. Zudem sollte die Situation der IT im Hinblick auf künftige Anforderungen, Prozesse und eingesetzte Technologien überprüft werden. Das Resultat war „sehr gut": „Wir waren in zehn von zwölf untersuchten Hauptsegmenten besser bis deutlich besser als die acht Spitzenunternehmen aus der Datenbank mit vergleichbaren Umgebungen." Die beiden Punkte unter Plan betrafen den Bereich Netzwerke, Maßnahmen zur Verbesserung setzte der IT-Leiter damals rasch um.

Im Laufe des Benchmark-Projekts wurden laut Hüttinger die vorher gemeinsam vereinbarten Zielzeiten erreicht. Den Aufwand für den Benchmark an sich – drei bis vier Mannwochen – bezeichnet der IT-Verantwortliche allerdings als „nicht unerheblich". Das Volumen sei etwas größer als ursprünglich gedacht gewesen, „aber wir haben die Prioritäten entsprechend angepasst". Hintergrund: „Unsere IT war nicht so einfach in das Muster einzuordnen, das für größere IT-Organisationen gilt." Die strukturierte Unterteilung im Zuge des Benchmarks habe jedoch den Blick geschärft. So war beispielsweise der Bereich Storage bei Pappas bis zur Untersuchung nicht als Extrasegment geführt und betrachtet worden, sondern als integriertes System gemeinsam mit den Datenbanken.

Hüttinger reicherte den Benchmark um eine Online-Befragung seiner Anwender an. Deren Antworten hätten „viele Ansatzpunkte gezeigt, um die IT weiter zu verbessern". Am besten bewertet wurden in der Umfrage die Hilfsbereitschaft, Kompetenz und Servicebereitschaft der IT. So schließt sich wiederum der Kreis zu den universellen Kriterien eines guten Dienstleisters – unabhängig davon, ob sich die Arbeit um die IT oder die Mobilität der jeweiligen Kunden dreht.

„Die Anwenderbefragung hat viele Ansatzpunkte gezeigt, um die IT weiter zu verbessern."

Dipl.-Ing. Karl Hüttinger, IT-Leiter Pappas Gruppe

RECHTLICHE ASPEKTE

RECHTLICHE ASPEKTE

von Jan Geert Meents

Im Zuge des Outsourcing-Trends hat auch das IT-Benchmarking einen Aufschwung erlebt. Hintergrund ist das Interesse der Kunden, die Modalitäten ihrer lang laufenden Verträge nach einer gewissen Zeit mit dem Marktniveau zu vergleichen. Dadurch sollen sowohl die Preise als auch die Qualität und der Zuschnitt der Leistungen überprüft werden. Um eine stabile und langfristige Outsourcing-Partnerschaft zu gewährleisten und Benchmarks zu ermöglichen, bedarf es verschiedener Vorarbeiten bei der Vertragsgestaltung. Dazu zählt auch die Aufnahme einer Benchmarking-Klausel.

Outsourcing hat sich als Option für den Bezug von IT-Leistungen etabliert. Unternehmen nutzen vermehrt diesen Weg, um sich von Routinetätigkeiten zu trennen, die keinen geschäftlichen Mehrwert versprechen. Argumente für das Outsourcing sind geringere Kosten, höhere Qualität sowie größere Flexibilität. Viele Kunden versprechen sich Vorteile in allen drei Bereichen, auch wenn das bei näherer Betrachtung kaum realistisch erscheint. Vielfach fällt es sogar schwer, durch das Outsourcing in mehr als nur einem dieser drei Felder zu punkten.

DIE STRUKTUR DES OUTSOURCING-VERTRAGS

Zentraler Bestandteil eines Outsourcing-Abkommens ist der Rahmenvertrag, in dem – wie in Allgemeinen Geschäftsbedingungen –

die allgemeinen Grundlagen zur Zusammenarbeit zusammengefasst werden. Der Rahmenvertrag enthält unter anderem auch die Benchmarking-Klausel, da diese Regelung vertragsübergreifend gelten soll. Der Rahmenvertrag wird durch Einzelverträge ergänzt, in denen die leistungsspezifischen Regelungen enthalten sind. Der Rahmenvertrag ist in der Regel subsidiär (nachrangig) gegenüber speziellen Regelungen in den Einzelverträgen und auf Dauer ausgelegt. Die Kündigung eines Einzelvertrags lässt den Rahmenvertrag unberührt und der Rahmenvertrag endet erst mit der Erfüllung des letzten Einzelvertrags. Die allgemeinen Regelungen wirken sich auf jeden dieser Verträge aus. Gleichzeitig gibt es Anlagen zum Rahmenvertrag, die komplexe Regelungsgehalte aufnehmen. Hierzu zählen beispielsweise das Vergütungsmodell sowie die Preise und Mengengerüste.

Der Rahmenvertrag bleibt unberührt, auch wenn ein Einzelvertrag gekündigt wird.

Die einzelnen Leistungen des Auftragnehmers sind in den Leistungsbeschreibungen zu den Leistungsscheinen beschrieben. Die Leistungsqualität wird durch das Service-Level-Agreement (SLA) sowie Regelungen für die Transition und den operativen Betrieb beschrieben. Abgerundet wird das Abkommen durch Einzelverträge für Hardware/Software und für Projekte. Dieser modulare Aufbau bietet den Parteien eines Outsourcing-Vertrags größtmögliche Flexibilität bei der Anpassung des Vertragswerks an ihre Bedürfnisse. Auch spätere Änderungen lassen sich mit diesem Aufbau leicht umsetzen.

Sollte das SLA ein eigenständiges Dokument sein, das übergreifend für alle Einzelverträge gilt?

Häufig werden Service-Level in den einzelnen Leistungsscheinen geregelt. Dagegen sprechen jedoch praktische Erwägungen:

Erstens müssen alle Service-Level zusammenpassen. Eine hohe Verfügbarkeit von Applikationen ist Ressourcenverschwendung, wenn das Netzwerk mit einer geringeren Verfügbarkeit bezogen wird. Bei Veränderungen kann man nur schwer die Übersicht behalten, sobald die Service-Level in einzelne Regelungen aufgeteilt werden.

7. Rechtliche Aspekte

	Ausschreibung, Angebot, Letter of Intent
	Definitionen
Rahmenvertrag	Vergütung und Mengengerüste
	Projektplan
	Monitoring und Reporting
	Transitionsphase

Einzelvertrag	Einzelvertrag	Einzelvertrag	Einzelvertrag	Einzelvertrag
Leistungs-beschreibung	Leistungs-beschreibung	Leistungs-beschreibung	Leistungs-beschreibung	Leistungs-beschreibung

Vertragsübergreifende Anlagen
(Service-Level-Agreements etc.)

Zweitens müssen Service-Manager regelmäßig kontrollieren, ob der Vertrag auch tatsächlich eingehalten wird und welche Konsequenzen drohen, wenn der Service-Provider seinen Aufgaben nicht nachkommt. Wenn alle Service-Levels auf die Einzelverträge verteilt sind, steigt der Aufwand für den Service-Manager, bis er die für ihn relevanten Passagen kopiert und in einem einheitlichen Dokument zusammenführt. Daher ist es sinnvoll, diese Arbeit gleich am Anfang zu leisten und eine Art „Leitfaden" mit allen Service-Levels für den Vertrag zu erstellen.

Schließlich erleichtert die Zusammenfassung der Service-Levels in einem einheitlichen Dokument die Berechnung von sogenannten

Service-Credits im Falle der Verletzung von Service-Levels. Die Formeln zur Ermittlung der Service-Credits müssen bei einem einheitlichen SLA-Dokument nur einmal dargestellt werden und nicht in jedem einzelnen Leistungsschein erneut.

Es sprechen also gute Gründe dafür, ein einziges SLA zu vereinbaren, das sich über den gesamten Vertrag erstreckt und in dem die Leistungsqualität für die einzelnen Leistungsscheine festlegt wird.

Was passiert, wenn eine vereinbarte Leistungsqualität nicht eingehalten wird?

Der Begriff „Pönale" ist rechtlich nicht unbedenklich. Strittig ist der Rechtscharakter dieser Zahlungen: Sind es Vertragsstrafen, dann unterliegen sie anderen rechtlichen Regelungen als beispielsweise pauschalierte Minderungen für Schlechtleistung. Bei einer Vertragsstrafe muss beispielsweise – anders als beim pauschalierten Schadensersatz – nicht der Eintritt des Schadens nachgewiesen werden, es genügt der Nachweis, dass die Voraussetzungen für die Vertragsstrafe eingetreten sind. Deswegen empfiehlt es sich, von „Service-Credits" zu sprechen und zu definieren, um welches Rechtsinstrument es sich hierbei handelt.

Service-Credits sollten mit Augenmaß formuliert werden. Eine Vertragsstrafe, die den Provider nicht schmerzt, ist wirkungslos. Den Dienstleister in die Knie zu zwingen und ihm den Spaß an der Arbeit zu nehmen, schießt jedoch über das Ziel hinaus. Entscheidend ist die Balance – der Provider muss auf Trab gehalten werden, und der Auftraggeber darf nicht versuchen, entstandene Schäden über die Service-Credits abzuwickeln. Dafür gibt es eine Schadensersatzklausel.

Service-Credits dürfen keine Grauzone für weitere Verhandlungen öffnen. Sie sind eine klare Regelung, die in Form einer Tabelle darstellt, welche Konsequenzen drohen, wenn bestimmte Service-Levels nicht eingehalten werden. Auch sind sie keine Drohkulisse,

Nicht erbrachte Leistungen können auch durch Mehrleistung kompensiert werden, um Strafen zu vermeiden.

7. Rechtliche Aspekte

sondern ein konkreter Maßstab für den finanziellen Ausgleich. Allerdings ist es möglich, eine Bonusregelung in den Vertrag aufzunehmen. Damit könnte beispielsweise ein gerissener Service-Level kompensiert werden, indem der Provider im kommenden Berichtszeitraum die vereinbarte Leistungsqualität übererfüllt.

Was ist eine Benchmark-Klausel und warum wird sie genutzt?

Heutzutage finden sich sogenannte Benchmark-Klauseln in rund 80 Prozent der großen Outsourcing-Abkommen im deutschsprachigen Raum. Dies umfasst nicht nur Verträge mit einer Laufzeit von mehr als fünf Jahren, sondern auch drei Jahre laufende Kontrakte. Die Benchmark-Klausel gibt üblicherweise dem Kunden das Recht, einen Marktpreis-Benchmark durchzuführen. In diesem Benchmark-Vergleich werden marktübliche Preise für spezifische Services aus dem Vertrag ermittelt. Dadurch soll gewährleistet werden, dass vereinbarte Preise und geleistete Qualitäten auch langfristig auf einem für beide Seiten akzeptablen Niveau bleiben.

> Eine Benchmark-Klausel kann Sicherheit geben, wenn das Outsourcing-Abkommen längerfristig geplant ist.

Das Recht zum Benchmark wird zum Teil auch als Drohszenario verwendet, um unabhängig von konkreten Benchmark-Ergebnissen angepasste Preise oder eine angepasste Qualität auszuhandeln. Eine Benchmark-Klausel kann im Ergebnis zu einer längeren und ausgeglichenen Vertragsbeziehung führen, wenn sie auch eine Erhöhung der Preise erlaubt. Durch die Möglichkeit zum Benchmark hat der Kunde in der Regel weniger Bedenken, ein langfristiges Outsourcing-Abkommen zu unterzeichnen. Schließlich wird das Risiko gemindert, für lange Zeit an bestimmte Konditionen gebunden zu sein.

Wie muss eine Benchmark-Klausel angelegt sein?

Eine Benchmark-Klausel muss so genau wie nötig und so abstrakt wie möglich formuliert werden. Das beste Beispiel für Regelungen, die eindeutig und dennoch allgemeingültig sind, ist das Bürgerliche Gesetzbuch (BGB), das seit dem Jahr 1900 auf jeden Sachverhalt angewendet wird. Es muss den Vertragsparteien gelingen, mit einer abstrakten Formulierung die Grundlage für die Regelung vieler Einzelfälle zu schaffen. Eine vernünftige Benchmark-Klausel hat nicht selten einen Umfang von zwei bis vier Vertragsseiten. In der Realität ist die Ausgestaltung der Benchmark-Klausel eine Frage der Verhandlungsmacht. Sie muss in jedem Fall klar, verständlich und eindeutig sein. Gleichzeitig sollte sie aber auch balanciert und ausgewogen bleiben und nicht zu einem einseitigen Leistungsbestimmungsrecht führen.

Wann soll der Benchmark-Vergleich erfolgen?

In der Regel ist ein Marktpreis-Benchmark erst sinnvoll, wenn sich der Betrieb der ausgelagerten Leistungen eingeschwungen hat. Demnach sollte ein Benchmark nur in Ausnahmefällen innerhalb der ersten zwei Jahre angesetzt werden. Auch danach ist eine Zeitspanne von zwei bis drei Jahren zwischen Benchmarks eine vernünftige Größe. Alternativ können Leistungen im jährlichen Wechsel einem Marktvergleich unterzogen werden. Es zahlt sich aus, finanziell aufwendige Services zuerst zu kontrollieren.

Welche Leistungen sollen in welchen Paketen einem Benchmark unterzogen werden?

Dieser Punkt ist für den Provider sehr interessant, denn in der Regel setzt sich der Gesamtpreis für den Vertrag aus Einzelbeträgen zusammen, die nach eigenem Ermessen kalkuliert (und quersubventioniert) werden. Daher sollten die Parteien vor Beginn des Abkommens festlegen, ob alle oder nur einzelne Leistungsscheine für den Benchmark vorgesehen sind. Auch können Leistungen gezielt vom Benchmark ausgeschlossen werden.

7. Rechtliche Aspekte

Welche Benchmark-Anbieter dürfen/müssen den Vergleich ausführen?

Hier wird festgelegt, wer den Benchmark ausführen soll oder wer für diese Aufgabe infrage kommt („anerkannter Benchmarker"). Zudem kann der Service-Provider festlegen, welche seiner potenziellen Wettbewerber den Vergleich nicht durchführen sollen.

Wer trägt die Kosten für den Benchmark?

Auftraggeber und Kostenträger müssen in der Benchmark-Klausel genannt werden. Im Idealfall beauftragen beide Seiten den Benchmarker. Sein Preis wird entweder halbiert oder per Regelung je nach Ergebnis des Benchmarks den Parteien zugewiesen. Bei einer großen Abweichung der Marktpreise zulasten des Kunden würde der Provider die Kosten tragen – und umgekehrt. Die internen Kosten für die Erhebung und Validierung der Benchmark-Daten tragen die Parteien selbst.

Welche Rechtsfolgen sind vorgesehen?

Vertraglich fixierte Mechanismen zur automatischen Preisanpassung nach einem Benchmark bergen Risiken. Schließlich sprechen sie einer Partei das einseitige Recht zu, die Vertragsbedingungen ändern zu können – wie entwickelt sich der Preis bei einer Abweichung von mehr als x Prozent? Fairer ist es, wenn die beiderseitige Verpflichtung aufgenommen wird, vertrauensvoll zu verhandeln. Die Ergebnisse sind ausgewogener, was sich positiv auf die weitere Partnerschaft auswirkt. Es hat sich zudem etabliert, die Verhandlungen nur in dem Fall aufzunehmen, dass vorher vereinbarte Schwellenwerte bei den Marktpreisabweichungen überschritten werden.

7. Rechtliche Aspekte

Wann wird die Benchmark-Klausel ausgehandelt?

Die Aufnahme einer Benchmark-Klausel in den Vertrag muss von vornherein angesprochen werden, damit der Service-Provider adäquat kalkulieren kann. Erfahrungsgemäß wird die Klausel – wie auch die Haftungsfragen – bis zum Ende der Verhandlungen offenbleiben, da sich beide Punkte klar auf die Vergütung auswirken. Dass eine Benchmarking-Klausel bereits zu Beginn der Vertragsverhandlungen ausformuliert wird, wäre eine große Ausnahme.

Wie wird ein Marktpreis-Benchmark ohne vorhandene Klausel nachverhandelt?

Gelegentlich haben es die Parteien eines Outsourcing-Vertrags versäumt, eine Benchmark-Klausel in den Vertrag aufzunehmen, oder die vorhandene Klausel ist unzureichend formuliert, sodass aus ihr kein Recht zu einem Benchmark-Vergleich abgeleitet werden kann. Diese Fehler lassen sich nach Vertragsabschluss nur noch selten korrigieren. Bei der legitimen Weigerung des Providers, in diesem Fall einen Benchmark zuzulassen und Auswirkungen auf Leistungen und Preise zu akzeptieren, hat der Kunde schlecht verhandelt. Es bleibt ihm nichts anderes übrig, als abzuwarten, bis der Vertrag ausläuft. Dann erst kann er das aktuelle Marktniveau über einen Benchmark in Erfahrung bringen und einen Vertrag zu günstigeren Konditionen abschließen oder eine Neuausschreibung der auszulagernden Leistungen in die Wege leiten.

FAZIT

Wer sich beim Outsourcing auf sein Bauchgefühl verlässt und meint, auf nötige Vorarbeiten und Unterstützung verzichten zu können, baut auf Sand. Ein umfassender und detaillierter Vertrag ist kein Zeichen für fehlendes Vertrauen, sondern die Grundlage für eine langfristig stabile Beziehung.

DIE ZUKUNFT DES BENCHMARKINGS

DIE ZUKUNFT DES BENCHMARKINGS

von Karsten Tampier

IT-Benchmarking ist ein etabliertes Führungsinstrument, das wirklichkeitsgetreue Maßstäbe an eine Organisation heranträgt und auf diese Weise Licht in die „Black-Box-IT" bringt. Inzwischen verläuft die Evolution des IT-Benchmarkings jedoch nicht mehr linear, sondern steht an einem Scheideweg: Einerseits werden vermehrt schnelle Standortbestimmungen angeboten, bei denen klassische IT-Kennzahlen erhoben und in ein Raster eingeordnet werden – ein „FastView Benchmark" mittels einer Online-Datenbank und weitgehend ohne Normalisierung der Daten. Andererseits entwickelt sich der klassische Benchmark durch Experten fort, um die Komplexität heutiger IT-Strukturen mit dem Schwerpunkt auf Services und neue Bereitstellungsmodelle wie Cloud-Computing maßstabsgetreu abzubilden. Die erste Ausprägung richtet sich an Kunden, die darauf zielen, den Aufwand des Vergleichs zu senken, um lediglich den Standort zu bestimmen. Im zweiten Fall steigt die Qualität der Bewertung, und die Benchmark-Ergebnisse werden über die Zahlenkolonnen hinaus analysiert.

Benchmarking ist heute ein fester Bestandteil des Sourcing Eco-Systems zur Kontrolle der Leistungen zwischen dem Auftraggeber und seinem IT-Dienstleister. Ebenso häufig nutzt die unternehmensinterne IT das Werkzeug des Leistungsvergleichs zur Standortbestimmung. Jedoch führen der Einfluss neuer Technologien, Bereitstellungsverfahren und Anforderungen dazu, dass sich auch die Benchmarking-Branche und ihre Angebote verändern: Einerseits wollen Auftraggeber schnelle Resultate ohne großen (finanziellen) Aufwand, andererseits müssen zunehmend heterogene Landschaften und individuelle Ausprägungen der IT-Organisation in einem Vergleich berücksichtigt werden. Da IT-Benchmarking nicht gleichzeitig komplexer und billiger werden kann, teilt sich die Branche zwangsläufig in zwei Strömungen auf – der Anschaulichkeit halber hier als „FastView-Benchmarking" und „Beyond Benchmarking" bezeichnet.

Die Veränderung tritt besonders deutlich zutage, wenn man einen Blick auf die Vergangenheit des Benchmarkings wirft. IT-Benchmarks der ersten Generation konzentrierten sich ausschließlich auf die Kosten oder die Leistungen. Der Vergleich wurde in der Regel gezogen, ohne die Wechselwirkungen der beiden Untersuchungsgegenstände zu berücksichtigen. Einflüsse der Leistungen auf die Kosten wurden nicht bewertet und auch die Umkehranalyse, zu welchen Kosten welche Leistungen erbracht werden können, wurde nicht unternommen. Es ging primär um die Kennzahl: Wie viel Geld zahle ich im Vergleich zu anderen Unternehmen?

In der Folgezeit reicherte sich der Vergleich rasch um weitere Facetten an, etwa Volumen, Technologieeinsatz, Kundenzufriedenheit, Qualität und Komplexität. Eine integrierte Analyse der einzelnen Einflussfaktoren wurde bis in das Jahr 2000 hinein jedoch nicht systematisch durchgeführt. Dann aber drückte der ganzheitliche Ansatz mit einer umfassenden Normalisierung dem sogenannten „Benchmark der zweiten Generation" seinen Stempel auf. Von nun an konnten Vollkosten und integrierte Leistungsverrechnungen betrachtet werden. IT-Prozesse wurden in die Analysen einbezogen und nicht wenige Benchmarks lieferten den Input für Top-Level-Kennzahlensysteme sowie Balanced Scorecards.

8. Die Zukunft des Benchmarkings

Die Normalisierung ist das Herzstück der zweiten Benchmarking-Generation und wird auch in der Zukunft des Benchmarkings eine zentrale Rolle einnehmen. Ziel der Normalisierung ist es, Unterschiede der zu vergleichenden Organisationen in den Dimensionen Leistung, Volumen, Qualität und Komplexität anzupassen und die Wirkungen auf den Preis oder die Kosten auszugleichen. Grundsätzlich ist es in der zweiten Generation möglich, den Kosten-/Preis-Mittelpunkt des Benchmarks gegen eine andere Dimension auszutauschen – in der Realität wurde das Benchmark-Design jedoch nur selten durch den Auftraggeber variiert.

Die Erhebung, Validierung und Normalisierung der Daten ist mit einem hohen Aufwand verbunden – für den Auftraggeber und für den Benchmarker. Hintergrund ist, dass rund um die Jahrtausendwende und in den Jahren danach kaum ein Unternehmen in der Lage war, die für einen detaillierten IT-Benchmark nötigen Kennzahlen „auf Knopfdruck" zu ermitteln. Ein schneller Benchmark, wie er derzeit vor allem im angelsächsischen Raum propagiert wird, stellt dem Kunden in Aussicht, die Leistungen eines Benchmark-Vergleichs zu deutlich geringeren Kosten und in kürzerer Zeit zu erhalten. Statt mit dem Sextanten mühsam den eigenen Standort bestimmen zu lassen, komme hier das Navigationssystem zum Zug. Dabei hinkt dieser Vergleich gleich an mehreren Stellen: Die Datenerhebung muss weiterhin primär durch den Kunden geleistet werden, individuelle Ausprägungen lassen sich in der starren Datenbank kaum abbilden und die IT des Kunden wird auf die Datenbank heruntergebrochen. Wer nicht in das Raster passt, wird passend gemacht.

Dies führt dazu, dass die Ergebnisse – sobald die Kennzahlen beim Kunden erhoben und eingegeben wurden – zwar schnell zur Verfügung stehen. Allerdings reicht die Genauigkeit der Standortbestimmung eines schnellen Benchmarks längst nicht an ein modernes Navigationssystem heran. Die Investitionen in dieses Modell sind geringer als bei einem klassischen Benchmark, doch kann der Kunde nicht erwarten, dass er seine IT in der Bewertung vollständig wiederfindet. Die Kennzahlen, die er erhält, sind eine vernünftige Investition, aber Entscheidungen werden dadurch in der Regel nicht ausreichend abgesichert.

Im Gegenzug zur Simplifizierung setzt das Beyond Benchmarking auf die Weiterentwicklung des etablierten Modells. Treiber hierfür sind zum einen neue technische Verfahren, zum anderen Bereitstellungsmodelle wie Cloud-Computing, letztlich aber auch die Evolution der IT hin zu einer Dienstleistungsökonomie. Die zentrale These von Beyond Benchmarking lautet, dass es nicht mehr ausreicht, lediglich nackte Vergleichszahlen an den Auftraggeber zu liefern, sondern dass die Zukunft des Benchmarkings „darüber hinaus" gehen muss. Für die Zeit und den Aufwand, der in den Benchmark investiert wird, soll der Kunde eine maßgeschneiderte Analyse inklusive der Bewertung von Handlungsoptionen und bei Bedarf einen Ausblick in verschiedene Szenarien erhalten.

BENCHMARKING 3.0

Folgerichtig zeichnet sich für das Management-Tool Benchmarking eine nächste, höhere Evolutionsstufe ab. In dieser werden die bekannten Dimensionen der zweiten Generation aus dem Blickwinkel ihrer entgegengesetzten, gleichzeitig aufeinander bezogenen Prinzipienpaare untersucht, was eine konsequente Weiterentwicklung der vergleichenden Analyse bedeutet. Die Paare und Dimensionen sind:

- Konfiguration und Nutzung = Volumen
- Servicegrad und Risiko = Qualität
- Umgebung und Technik = Komplexität
- Kosten und Preise = Finanzen

Die weiterentwickelte Methodik ermöglicht gezielte Benchmarks unternehmensspezifischer Szenarien und unterstützt die Definition individueller IT-Services. Im Zentrum des Benchmarks ste-

8. Die Zukunft des Benchmarkings

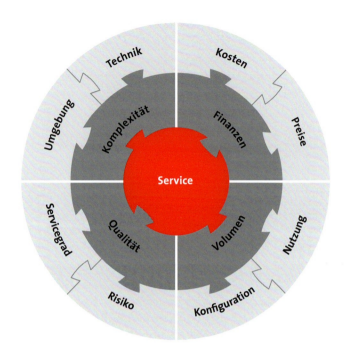

Abbildung 1: Das strukturierte Informationsmodell moderner Benchmarks stellt die zu überprüfende IT-Leistung (Service) in den Mittelpunkt und berücksichtigt alle relevanten Kosten-/Preis-Treiber

hen IT-Dienste, welche die einzelnen Bestandteile der jeweiligen Leistungserbringung beschreiben. Jeder IT-Service ist eine Kombination von IT-Funktionen, wobei IT-Funktionen die kleinsten, nicht weiter teilbaren Bestandteile darstellen. In einem serviceorientierten Umfeld können IT-Services zu IT-Produkten zusammengeführt werden.

BEISPIEL CLOUD-COMPUTING

Dies kommt beispielsweise IT-Organisationen zugute, die Leistungen aus der Cloud beziehen und bewerten wollen. Cloud-Computing wird das Potenzial zugesprochen, einen Paradigmenwechsel in der Informationstechnologie zu bewirken. Die IT-Verantwortlichen in den Unternehmen erhoffen sich von Cloud-Angeboten eine flexible Beschaffung von IT-Ressourcen bezüglich des Zeitraums und des Volumens. Die Verantwortlichen der Hard- und Software-Lieferanten sowie die Marketingstrategen der Service-Provider zielen auf das Versprechen ab, genau diese Nachfrage aus der Cloud heraus zu erfüllen.

Die einzelnen Interessensgruppen bringen individuelle Interpretationen in die Cloud-Definition. Es zeichnet sich aber ein allgemein akzeptiertes Grundverständnis einer Cloud-Definition durch das amerikanische National Institute for Standards and Technology (NIST) ab.

Das NIST identifiziert fünf Kerneigenschaften der Cloud:

1. Bei Bedarf verfügbare Ressourcen
2. Zugriff über ein Netzwerk
3. Bündelung der Ressourcen
4. Schnelle Elastizität
5. Messbare Leistungsabnahme

Zur Leistungsbestimmung wird der Benchmarking-Ansatz selbstverständlich auch in der Cloud eingesetzt. IT-Services als eine Kombination von IT-Funktionen können hinsichtlich der Eigenschaften und Zusammenhänge analysiert werden – als Eigenbetrieb einer internen IT-Abteilung, als Zusammenarbeit mit einem dezidierten Service-Provider sowie als „On-demand"-Angebot aus der Cloud. Der Benchmark zeigt in jedem Fall – unter Berücksichtigung der spezifischen Eigenschaften – die Wettbewerbsfähigkeit des Angebotes auf.

Da die Aspekte „Nutzung" und „Risiko" zwei stilprägende Elemente von „Cloud-basierten" Services sind, setzt das erweiterte Bench-

8. Die Zukunft des Benchmarkings

mark-Analysemodell da an, wo klassische Benchmarks bisher keine ausreichenden Antworten geben konnten. Allerdings sollten Unternehmen auch in der Cloud nicht die Planung und Kontrolle der IT aus der Hand geben. Andernfalls werden der Organisation Systeme und Prozesse übergestreift, die nicht immer passen.

BENCHMARK BEYOND

Benchmark Beyond beschränkt sich nicht auf das Einsammeln und Vergleichen von Zahlen, sondern liefert auch die Interpretation mit. Durch den Ansatz können sich Unternehmen auf erfolgreiche Innovationen konzentrieren. Statt unreflektiert IT-Services von anderen zu kopieren, sollten sich Firmen daran ausrichten, wie sie ihren Erfolg durch die Auswahl der besten, auf sie zugeschnittenen, IT-Services unterstützen können. Der Benchmark gibt hier eine Außensicht vor, die reale Maßstäbe und relevante Anforderungen in die Organisation hineinträgt. Die relative Positionierung

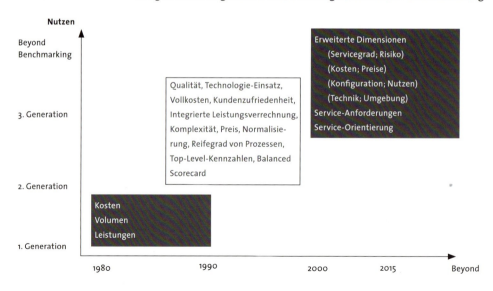

Abbildung 2: Entwicklung von IT-Benchmark-Modellen

der Leistung im Benchmark zeigt den eigenen Standort und macht sichtbar, in welchen Bereichen eine Leistungsverbesserung angestrebt werden sollte.

Relative Zielgrößen können in drei Typen aufgezeigt werden:

1. Interne Benchmarks – z. B. zwischen Organisationseinheiten oder Standorten
2. Externe Benchmarks – Vergleiche zum Marktumfeld
3. Stretch Targets – Trendbeobachtungen im Vergleich zu früheren Ergebnissen

Benchmarking zeigt die Leistung im Markt auf und bestimmt die Zielgröße, an der es sich zu messen gilt. Indem sich Organisationen an den Besten orientieren und deren Erfolgsrezepte für ihre eigene Situation nutzen, wird ihre Leistung im Regelfall kontinuierlich ansteigen. Dazu muss aber auch der Benchmark einen Weg vorgeben, auf dem der Kunde im Anschluss fortfahren kann.

Beyond Benchmarking definiert dazu einen vierstufigen Zyklus von „Analyse – Ziel – Plan – Umsetzung". Der Benchmark liefert die Ist-Analyse und führt zu einer Standortbestimmung. Das „Beyond" beantwortet die Fragen nach kurz-, mittel- und langfristigen Verbesserungszielen und nach den Aktionen, die notwendig sind, um diese Ziele auch zu erreichen.

In der Praxis könnte dieser vierstufige Prozess beispielsweise zu folgendem Ergebnis kommen:

Analyse: Die Standortbestimmung zeigt, dass in der Organisation relativ viele IT-Ressourcen im Tagesgeschäft gebunden sind. Der Raum für innovative Ansätze ist dadurch begrenzt.

Ziel: Mittelfristig soll das Verhältnis der Ausgaben für Plan – Build – Run von 10:10:80 zu 15:20:65 verschoben werden.

8. Die Zukunft des Benchmarkings

Plan: In dieser Phase entscheiden sich die konkreten Maßnahmen, um das Ziel zu erreichen: Welche Optionen stehen zur Verfügung, in welchem Umfang können Standardisierung und Virtualisierung das Tagesgeschäft entlasten, bieten Servicezentren in Nearshore- und Offshore-Regionen sinnvolle Alternativen im operativen Betrieb? Welche Chancen und Risiken liegen in der jetzigen Organisationsform in Bezug auf die Innovationsfähigkeit der IT?

Zur Überprüfung der Maßnahmen werden die Ergebnisse der ersten drei Schritte festgehalten. Der Erfolg soll gegen das geplante Ziel – ohne fließende Verschiebung der Messlatte – gemessen werden.

Umsetzung: Realisiert werden die Optionen mit der höchsten Erfolgswahrscheinlichkeit. Die Auswirkungen der Veränderungen werden laufend beobachtet, bei Bedarf werden Anpassungen vorgenommen. Nach einer angemessenen Zeit, typischerweise zwischen 12 und 36 Monaten, wird die erreichte Leistungserbringung durch eine neue Analyse bestimmt. Daran schließt sich die nächste Analyse-, Ziel-, Plan- und Umsetzungsphase an.

„Beyond Benchmark" geht somit über die Erhebung und den reinen Vergleich von Kennzahlen hinaus. Die Analyse-Phase bedeutet nicht das Ende des Prozesses, sondern die Fortführung der Wertschöpfung. Die zentrale Frage der Benchmark-Auftraggeber nach Anwendung und Umsetzung der Vergleichsresultate wird beantwortet.

Die Zukunft des Benchmarkings hält also zwei Optionen bereit, mit denen Kunden und IT-Dienstleister die Wahl haben, wie sie die größten Vorteile aus einem Benchmark-Projekt herausholen. Entweder bestimmen sie den Standort ihrer IT mit einem schnellen Benchmark, oder sie suchen nach Verbesserungspotenzial in ihrer IT mit dem Beyond Benchmark-Ansatz. Beide Optionen zeigen, dass Benchmarking ein aktiv genutztes Management-Werkzeug ist, das sich an aktuelle und auch weiterhin an zukünftige Anforderungen anpasst.

GLOSSAR

A

B

Backsourcing
Backsourcing beschreibt den Fall, dass eine extern erbrachte Leistung nach Beendigung des Vertrags wieder intern erbracht, also zurück ins Unternehmen geholt wird.

Balanced Scorecard (BSC)
Die Balanced Scorecard (BSC) ist ein Instrument des strategischen Managements, mit dem die Leistungsfähigkeit der eigenen Organisation „ausgewogen" abgebildet wird. Dies soll dadurch erreicht werden, dass die finanzielle Dimension der Bewertung um weitere Perspektiven ergänzt wird: Kunden, Geschäftsprozesse und Lernen/Wachstum (Mitarbeiter). Den vier Dimensionen werden spezifische Kennzahlen (→ KPI) zugeordnet. Als Management-System soll die BSC als Bindeglied zwischen der Entwicklung einer Strategie und ihrer Umsetzung fungieren.

Benchmarking
Benchmarking ist eine Methode zur Verbesserung von Effizienz und/oder Effektivität eines Unternehmens oder Unternehmensteils. Grundlage ist der Vergleich eigener Kennzahlen mit den Werten anderer, vergleichbarer Organisationen. Dadurch werden Stärken und Schwächen sichtbar. Ziel muss immer sein, bewährte Vorgehensweisen (→ Best Practices) abzuleiten und auf die eigene Situation anzuwenden.

Best-in-Class
Als Best-in-Class (Klassenbester) wird ein Unternehmen bezeichnet, das in seinem Segment auf dem höchsten Effizienzniveau agiert und somit zum Vorbild für die Wettbewerber wird. Um den Status Best-in-Class zu erlangen, nutzen Unternehmen in der Regel → Benchmark-Vergleiche und orientieren sich konsequent an → Best Practices.

Best Practice
Mit Best Practice wird eine bestmögliche Vorgehensweise bezeichnet, die bereits erfolgreich in anderen Unternehmen realisiert wurde, wodurch aber nicht automatisch die perfekte Vorgehensweise gemeint ist. Best Practices dienen als Vorbild oder Orientierungspunkt getreu der Devise: aus den Fehlern und Erfolgen anderer lernen.

Blind-Benchmark
Bei einem Blind-Benchmark werden dem Benchmarker lediglich Leistungsinhalte, Qualitäten, Komplexitäten und Volumina mitgeteilt, nicht jedoch der Preis für eine Dienstleistung oder ein Produkt. Mit diesen Angaben errechnet der Benchmarker dann den Preis, den vergleichbare Unternehmen für ein derartiges Produkt oder eine Dienstleistung bezahlen. Erst nach Abschluss des Benchmarking-Prozesses werden die realen Preise dem Benchmarker zur Verfügung gestellt. Diese Methode wird verwendet, um bei den Benchmark-Anbietern die Spreu vom Weizen zu trennen.

Business Case
Business Case meint in der Regel die Wirtschaftlichkeitsbetrachtung eines Projekts – Investitionen und erwartete Erträge werden aufgeführt, um als Argument für oder gegen ein Vorhaben zu dienen. Alternativ kann der Begriff auch weiter gefasst sein und den allgemeinen Nutzen für eine Organisation demonstrieren, etwa zur verpflichtenden Einhaltung regulatorischer Auflagen.

Business Process Maturity Model (BPMM)
Das Business Process Maturity Model (BPMM) ist ein von der Object Management Group (OMG) entwickeltes Reifegradmodell,

Glossar

mit dem Alignment verknüpft ist die Frage nach dem Wertbeitrag der IT. Operationelle Grundlage des Business-IT-Alignments ist die → *IT-Governance*.

IT-Governance

IT-Governance umfasst die Rahmenbedingungen, in denen die IT zum Erreichen der geschäftlichen Ziele beitragen und damit das → *Business-IT-Alignment* gewährleisten soll. IT-Governance setzt sich zusammen aus Grundsätzen, Strukturen und Prozessen, um Effizienz und Effektivität beim IT-Einsatz zu verbessern und Risiken zu minimieren. Ein zentraler Punkt ist die Ausprägung von IT-Bereitstellung (Supply) und IT-Nachfrage (Demand) in einer Organisation. Das Referenzmodell für IT-Governance ist → *CobiT (Control Objectives for Information and Related Technology)*.

ITIL

Die IT Infrastructure Library (ITIL) wurde in den 80er-Jahren im Auftrag der britischen Regierung entwickelt, um IT-Services und ihre Lebenszyklen besser planen, erbringen, unterstützen und optimieren zu können. Aus dem einstigen Leitfaden mit übergreifenden → *Best Practices* (bzw. Good Practices) für alle Rechenzentren der öffentlichen Hand in England hat sich ITIL zum weltweiten De-facto-Standard im Bereich IT-Service-Management entwickelt. Die Inhalte von ITIL werden kontinuierlich weiterentwickelt, seit Mitte 2007 liegt die ITIL-Version 3 vor (ITIL V3).

K

Kennzahlen

Kennzahlen stellen als Erweiterung des herkömmlichen Berichtswesens eine effiziente Möglichkeit dar, sich schnell einen Überblick über einen Bereich (hier: IT) zu verschaffen und gleichzeitig Handlungsfelder zu identifizieren. Kennzahlen sorgen somit als wichtiges Management-Instrument für die notwendige Transparenz im IT-Bereich. *Weitere Informationen: Kapitel „IT-Kennzahlensysteme" auf Seite 126.*

KPI (Key Performance Indicator)

Key Performance Indicators (KPIs) sind Kennzahlen, die die Wirkung von Treibern (Aufwand, Menge, Komplexität, Qualität) messen und berichten. Sie können unabhängig von strategischen Zielen (und deshalb standardisiert) sein. *Weitere Informationen: Kapitel „IT-Kennzahlensysteme" auf Seite 126.*

N

Normierung

Die Normierung bzw. Vereinheitlichung von Daten komplexer Organisationen bildet eine wichtige Grundlage für Benchmarking-Projekte. Dabei werden Kennzahlen gemäß verschiedener Dimensionen (etwa Leistungsinhalte, Mengengerüste, Qualität und Komplexitätsfaktoren) so angepasst, dass sie sich mit den Kennzahlen des Auftraggebers sinnvoll vergleichen lassen. Werden etwa die „Kosten pro Stück" verglichen, ist es entscheidend, dass „ein Stück" von allen Beteiligten gleich verstanden wird. *Weitere Informationen: Kapitel „Die Normierung" auf Seite 30.*

O

Operational Level Agreement (OLA)

Ein Operational Level Agreement

(OLA) ist eine Vereinbarung, die in der Regel innerhalb eines Unternehmens zwischen unterschiedlichen Abteilungen getroffen wird. In ihm werden IT- und TK-Leistungen beschrieben, mit denen ein →*Service-Level-Agreement (SLA)* gegenüber einem externen Kunden abgesichert wird. Werden Leistungen von einem (weiteren) externen Dienstleister erbracht, können OLA und SLA hierfür wiederum durch einen Underpinning Contract (UC) abgesichert werden.

Outsourcing

Outsourcing bezeichnet die Verlagerung von Teilen der Wertschöpfung einer Organisation auf externe Lieferanten. Auftraggeber versprechen sich von der Konzentration auf das Kerngeschäft in der Regel sinkende Kosten, eine gesteigerte Flexibilität sowie den Zugriff auf die Innovationskraft des Lieferanten.

Outtasking

Beim Outtasking werden im Gegensatz zum klassischen →*Outsourcing* lediglich Teilaufgaben in Geschäftsprozessen von externen Dienstleistern bezogen. Dadurch lassen sich im Idealfall Kostenvorteile erzielen, ohne die gesamte Entscheidungskompetenz über Personal, Prozesse und Technologien aus der Hand zu geben. Outtasking wird häufig synonym mit selektivem Outsourcing verwendet. Dies sieht allerdings primär den Fall vor, dass ein Unternehmen fehlende Kompetenzen in einem Bereich durch die Auslagerung von Teilaufgaben kompensiert.

P

Peergroup

Die Peergroup (Vergleichsgruppe) und ihre Kennzahlen bilden den Maßstab für einen Benchmark-Vergleich. Je besser die einzelnen Mitglieder einer Vergleichsgruppe mit dem Untersuchungsumfang des Auftraggebers übereinstimmen, desto eher wird die Forderung eines fairen Vergleichs erfüllt. Wichtig ist, mit welchen statistischen Kennzahlen die Vergleichsgruppe beschrieben wird, wie viele Informationen über die Vergleichsgruppe benötigt werden und welche Informationen ein Vergleichsprofil enthalten sollte. *Weitere Informationen: Kapitel „Die Vergleichsgruppe" auf Seite 38.*

Retained Organisation

Die Retained Organisation ist eine Abteilung im Unternehmen, die mit der Steuerung und Kontrolle eines oder mehrerer externer Lieferanten betraut ist. In der Regel dreht es sich hierbei um ein Outsourcing-Abkommen, bei dem die Mitglieder der Retained Organisation nicht mit zum Service-Provider wechseln, sondern im Unternehmen zurückbleiben. Für eine komplett ausgestattete Retained Organisation müssen Stabsfunktionen eingerichtet werden, also etwa die Bereiche Controlling, Einkauf, Billing, Recht, Kommunikation und Service-Management.

R

Return on Investment (ROI)

Der Begriff Return on Investment (ROI) hat sich umgangssprachlich als Synonym für Kosten-Nutzen-Analyse etabliert – ob, wann und in welchem Grad sich eine Investition (innerhalb der Nutzungsdauer) auszahlt. Die Berechnung des ROI ist nicht standardisiert.

S

Service-Level-Agreement (SLA)

Mit Service-Leve-Agreement (SLA) wird eine Dienstgütevereinbarung (DGV) bezeichnet, in der die zugesicherten Leistungen des Service-Providers für den Auftraggeber festgelegt sind. Dies umfasst beispielsweise den Umfang eines Services, die Reaktionszeit des Service-Desks oder die Zeitspanne bis zur Behebung eines Vorfalls. Durch die standardisierte und von beiden Seiten akzeptierte Vereinbarung zur Dienstgüte lassen sich Services besser steuern und kontrollieren.

Sourcing Eco-System

Ein Sourcing Eco-System beschreibt unter Berücksichtigung aktueller Entwicklungen Ursache-Wirkungsketten der internen und externen Leistungserbringung von IT-Services. Die Einflussfaktoren des Sourcing Eco-Systems spannen den Bogen von der strategischen In-/ Outsourcing-Entscheidung über den Ort der Leistungserbringung (Onsite, Near- oder Offshore) zu den Inhalten von IT-Servicekatalogen und den Organisationsformen (Retained Organisation und Governance). Benchmarking ist im Sourcing Eco-System ein Hauptinstrument zur Bewertung der jeweiligen Szenarien.

T

TCO (Total Cost of Ownership)

Die Total Cost of Ownership (TCO) ist ein Berechnungsmodell für die Erfassung der gesamten Kosten von (IT-)Investitionsgütern über den vollständigen Lebenszyklus. Neben den Anschaffungskosten werden Betriebskosten, Benutzerkosten und Support-Kosten berücksichtigt. Eine einheitliche Formel zur TCO-Berechnung gibt es nicht.

V

Vergleichsgruppe

Die Vergleichsgruppe (Peergroup) und ihre Kennzahlen bilden den Maßstab für einen Benchmark-Vergleich. Je besser die einzelnen Mitglieder einer Vergleichsgruppe mit dem Untersuchungsumfang des Auftraggebers übereinstimmen, desto eher wird die Forderung eines fairen Vergleichs erfüllt. Wichtig ist, mit welchen statistischen Kennzahlen die Vergleichsgruppe beschrieben wird, wie viele Informationen über die Vergleichsgruppe benötigt werden und welche Informationen ein Vergleichsprofil enthalten sollte. *Weitere Informationen: Kapitel „Die Vergleichsgruppe" auf Seite 38.*

DIE AUTOREN

B

Die Herausgeber

HUBERT BUCHMANN
(im Bild rechts)

THOMAS KARG
(im Bild links)

Hubert Buchmann ist Geschäftsführer und Leiter der Consulting-Sparte bei Maturity. Er verfügt über eine branchenübergreifende Benchmarking-Erfahrung von über 20 Jahren und leitet vorwiegend internationale Großprojekte. Zu den inhaltlichen Schwerpunkten des diplomierten Informatikers zählen neben dem Vergleich von IT-Speziallösungen alle Themen rund um die IT-Organisation und IT-Strategie wie Entwicklung und Aufbau von IT-Services, IT-Governance und Rahmenplänen, die Konzeption und Begleitung von IT-Konsolidierungen sowie die Beratung im Outsourcing-Prozess. Vor seiner Zeit bei Maturity leitete Buchmann das IT-Benchmarking von Gartner im deutschsprachigen Raum.

Thomas Karg hat eine Ausbildung zum Datenverarbeitungskaufmann und Diplom-Wirtschaftsingenieur absolviert. Im Jahr 2001 gründete er gemeinsam mit Hubert Buchmann die international tätige Beratungsgesellschaft Maturity GmbH in München. Zuvor arbeitete er unter anderem als Entwickler bei der Siemens-Tochter Data Plan GmbH und als Produktmanager der AKRO Datensysteme GmbH. Anschließend war er insgesamt acht Jahre in verschiedenen Managementpositionen von Gartner tätig, zuletzt verantwortete er als Country Manager Germany das operative Geschäft der Gartner Deutschland GmbH.

ALEXANDER FREIMARK

Alexander Freimark arbeitet seit 2008 als Journalist und freier Autor für Medien, Unternehmen und PR-Agenturen. Sein Schwerpunkt liegt auf den Themengebieten IT und Wirtschaft. Zuvor war Freimark rund zehn Jahre bei der deutschen IT-Fachzeitschrift „Computerwoche" als Volontär sowie Redakteur tätig. Unterbrochen wurde die Phase durch einen kurzen Ausflug in die IT-Beratung.

MICHAEL GLADBACH

Michael Gladbach arbeitet seit 2010 für das Benchmarking-Unternehmen Maturity. Er war rund 30 Jahre zuvor in die IT eingestiegen – erst auf NCR-Rechnern, dann erfolgte der Wechsel auf die IBM System/38 sowie auf die AS/400. Positionen in Gladbachs Karriere waren Organisationsprogrammierer, Berater und schließlich CIO eines amerikanischen Einzelhandelskonzerns für die Region Central Europe. Anschließend wechselte er als Associate Director zum Marktforschungs- und Beratungsunternehmen Gartner, bevor er zu Maturity kam. Gladbach produziert in seiner Freizeit Musik und hat eine Band.

GEROLD HAUER

Gerold Hauer, ausgebildeter Ingenieur für Nachrichtentechnik, hat als Consultant für einen großen deutschen IT-Dienstleister an der Erstellung von internationalen Outsourcing-Angeboten und deren technischer Realisierung mitgewirkt. Später war der gebürtige Wiener für die Kalkulation und kaufmännische Freigabe internationaler Projekte verantwortlich. Hauer ist bei Maturity als Consultant für IT-Benchmarking und IT-Sourcing-Unterstützung tätig.

Die Autoren

GERD HUSSMANN

Gerd Hußmann studierte Physik und ev. Theologie an der Westfälischen Wilhelms-Universität Münster. Er verfügt über langjährige Erfahrungen in der Software-Entwicklung und Netzplanung sowie in der Beratung zu den Themen Service-Prozesse, IT-Governance und TCO in der IT sowie Telekommunikation. Der zertifizierte ITIL-Manager und Experte ist Senior Consultant bei der Maturity GmbH im Bereich IT-Benchmarking.

TIMO KOPP

Timo Kopp arbeitet seit 2003 bei Maturity als Benchmarking-Experte. Nach seinem Abschluss in Pädagogik sammelte er bei verschiedenen IT-Service-Providern Erfahrungen in den Disziplinen IT-Operations und IT-Projektarbeit sowie an der Schnittstelle zwischen Business und IT. Während der vergangenen Jahre hat Kopp zahlreiche Benchmark-Projekte in unterschiedlichen Branchen erfolgreich absolviert. Er ist regelmäßiger Fachautor in deutschsprachigen IT-Medien zum Thema Outsourcing.

JAN GEERT MEENTS

Dr. Jan Geert Meents ist Managing Partner für die deutsche Praxis der internationalen Rechtsanwaltskanzlei DLA Piper. Zudem leitet er die deutsche Praxisgruppe Intellectual Property and Technology. Im Rahmen seiner Spezialisierung auf Rechtsfragen der IT berät er seit mehr als zehn Jahren deutsche und internationale Unternehmen auf dem Gebiet des IT-Rechts. Den Schwerpunkt seiner Tätigkeit bilden Technologietransaktionen wie IT-Projekte und Outsourcing-Vorhaben, komplexe Kooperationsvereinbarungen sowie Lizenz- und Vertriebsvereinbarungen.

KAI NOWAK

Kai Nowak leitet den gesamten Consulting-Bereich bei Maturity. Zu seinen Beratungsschwerpunkten zählen Kosten- und Preis-Benchmarks in allen IT-Segmenten. Außerdem unterstützt er Unternehmen bei ihren IT-Strategien, bei der Analyse des Applikationsportfolios, der Bewertung von Change-Szenarien und der Vorbereitung von Sourcing-Entscheidungen. Vor seiner Tätigkeit bei Maturity war Nowak Direktor für den Bereich Benchmarking bei einer amerikanischen IT-Beratungsgesellschaft in der DACH-Region.

JONAS REPSCHLÄGER

Dipl.-Inf. Jonas Repschläger ist seit April 2009 wissenschaftlicher Mitarbeiter am Fachgebiet IuK-Management der TU Berlin bei Prof. Dr. Rüdiger Zarnekow. Zuvor arbeitete er unter anderem als Softwareentwickler für eine Unternehmensberatung sowie in Projekten mit der VW AG in den Bereichen Wissensmanagement, Prozessoptimierung und Marketing. Repschläger hat Informatik an der Technischen Universität Berlin studiert.

MARION SANDER

Marion Sander kam nach einem Dualen Studium in Betriebswirtschaft mit der Fachrichtung Medien- und Kommunikationswirtschaft in die IT-Branche. Sie kann über 20 Jahre Berufserfahrung vorweisen, davon 15 Jahre als Beraterin im Backoffice. Neben dem Einsatz in Projekten organisiert Sander Kundenseminare, führt Befragungen (IT-Anwender/IT-Mitarbeiter) durch und pflegt die Benchmarking-Datenbank sowie das Intranet von Maturity.

Die Autoren

SILKE SCHILLING

Silke Schilling arbeitet seit der Unternehmensgründung im Jahr 2001 für Maturity. Hier betreut sie in erster Linie große Benchmark-Projekte aus allen IT-Segmenten für internationale Kunden. Vor dem Wechsel zu Maturity war Schilling fünf Jahre bei einer US-amerikanischen Marktforschungs- und Beratungsgesellschaft tätig, ebenfalls im Aufgabengebiet IT-Benchmarking.

KARSTEN TAMPIER

Karsten Tampier hat eine internationale Ausbildung zum Diplom-Betriebswirt absolviert. Er arbeitet seit 2004 für die Maturity GmbH als Managing Consultant und Benchmark-Experte mit den Schwerpunkten Client Services, Server Operation, Overview-Benchmark und IT-Betriebskosten. Berufliche Stationen waren von 1997 bis 2003 das internationale IT-Marktforschungs- und Beratungsunternehmen Gartner sowie zuvor der Internet-Provider EUnet/UUNET.

RAINER TESCHE

Der Betriebswirtschaftler und Informatiker Rainer Tesche arbeitet seit 2002 für Maturity. Als Director Consulting führt er IT-Benchmarks mit dem Schwerpunkt IT-Infrastruktur durch, entwickelt Kennzahlensysteme und ist ein Experte für die Analyse sowie das Design von IT-Controlling-Strukturen, Governance-Prozessen und IT-Services. Hinzu kommen umfangreiche Erfahrungen mit Seminaren, Präsentationen und Schulungen. Vor seiner Tätigkeit bei Maturity arbeitete Tesche als Consulting-Manager für Compass Deutschland. In seiner Freizeit stehen unter anderem Schach und Filme auf dem Programm. Tesche lebt in Frankfurt am Main.

RÜDIGER ZARNEKOW

Prof. Dr. Rüdiger Zarnekow ist Inhaber des Lehrstuhls für Informations- und Kommunikationsmanagement an der Technischen Universität Berlin. Seine Forschungsschwerpunkte liegen im Bereich des IT-Service-Managements, des strategischen IT-Managements und der Geschäftsmodelle für die ICT-Industrie. Von 2001 bis 2006 war er am Institut für Wirtschaftsinformatik an der Universität St. Gallen tätig und leitete dort das Competence Center „Industrialisierung im Informationsmanagement". Prof. Zarnekow promovierte 1999 an der Technischen Universität Freiberg. Er ist freiberuflich als Berater in Fragen des Informationsmanagements und des Electronic Business tätig und Autor mehrerer Fachbücher sowie zahlreicher Artikel.

Impressum

2. Auflage 2014
context verlag Augsburg

Herausgeber:
Hubert Buchmann, Thomas Karg

Autoren:
Hubert Buchmann, Alexander Freimark, Michael Gladbach, Gerold Hauer, Gerd Hussmann, Thomas Karg, Timo Kopp, Jan Geert Meents, Kai Nowak, Jonas Repschläger, Marion Sander, Silke Schilling, Karsten Tampier, Rainer Tesche, Rüdiger Zarnekow

Redaktion:
Alexander Freimark

Satz, Gestaltung:
concret Werbeagentur GmbH, Augsburg

Das Werk einschließlich aller Inhalte ist urheberrechtlich geschützt. Alle Rechte vorbehalten. Nachdruck oder Reproduktion (auch auszugsweise) in irgendeiner Form (Druck, Fotokopie oder anderes Verfahren) sowie die Einspeicherung, Verarbeitung, Vervielfältigung und Verbreitung mithilfe elektronischer Systeme jeglicher Art, gesamt oder auszugsweise, ist ohne ausdrückliche schriftliche Genehmigung des Verlages untersagt.

Das Werk inklusive aller Inhalte wurde unter größter Sorgfalt erarbeitet. Dennoch können Druckfehler und Falschinformationen nicht vollständig ausgeschlossen werden. Der Verlag, die Herausgeber und die Autoren übernehmen keine Haftung für die Aktualität, Richtigkeit und Vollständigkeit der Inhalte des Buches, ebenso nicht für Druckfehler. Es kann keine juristische Verantwortung sowie Haftung in irgendeiner Form für fehlerhafte Angaben und daraus entstandenen Folgen vom Verlag, den Herausgebern und den Autoren übernommen werden. Für die Inhalte von den in diesem Buch abgedruckten Internetseiten sind ausschließlich die Betreiber der jeweiligen Internetseiten verantwortlich.

Bibliografische Information der Deutschen Bibliothek:

Die Deutsche Nationalbibliothek verzeichnet diese Publikation in der Deutschen Nationalbibliografie, detaillierte bibliografische Daten sind im Internet über http://dnb.dnb.de abrufbar

ISBN 978-3-939645-40-5
© 2014 context verlag Augsburg
www.context-mv.de